Meine Lieblingsorte

El Cotillo [I2] **13**

Der Fischerort bietet unterschiedliche Strände: im Süden die Playa del Castillo, an der meterhohe Brecher ausrollen, im Norden stille, türkisblaue Lagunen. Diese erstrecken sich bis zum Leuchtturm Faro de Tostón, von dem man bis zur Nachbarinsel Lanzarote blickt – ein Flecken von herber Schönheit (s. S. 27)!

062fu Abb.: gs

060fu Abb.: gs

Betancuria [H7] **29**

Die ehemalige Inselhauptstadt ist das Gegenstück zum Fuerte-Image. Sie liegt nicht am Strand, sondern in den Bergen, hat kaum touristische Einrichtungen, dafür historische Bauwerke: verwitterte Herrenhäuser, verwunschene Klosterruinen und Spaniens erste Kolonialkirche (s. S. 39).

Höhlen von Ajuy [G8] **39**

Schon der Weg längs weißer Klippen macht Spaß, doch der eigentliche Höhepunkt kommt später: Über steile Felsstufen steigt man in eine schwarze Höhle hinab, groß wie eine Kathedrale und ausgestattet mit einem Fenster zum Meer. Wem Kraxelei nichts ausmacht, kann von dort aus eine zweite, nicht minder schöne Grotte erkunden (s. S. 45)!

044fu Abb.: gs

061fu Abb.: gs

Playa Barca [E13] **62**

Nicht nur während des Surf-Worldcups im Juli ist hier der Teufel los. Das ganze Jahr über flitzen in der Riesenlagune knallbunte Segel übers Wasser. Bei Ebbe kann man auf einer Sandbank weit draußen im Meer „übers Wasser gehen". Landeinwärts ragen 20 m hohe Dünenberge auf, von denen man die gesamte Szene überblickt (s. S. 66).

Liebe Grüße …

… von den Dünenstränden in Corralejo

Wohin man schaut, nichts als Sand! Landeinwärts stapelt er sich zu Hügeln, zum Meer hin franst er in smaragdfarbene Tiefen aus. Kilometerlang kann man hier am Ufer entlanglaufen – schnell ist man mit Wind, Wellen und Wüste mutterseelenallein (s. S. 22)!

… von der Isla de Lobos

Auf der „Insel der Seewölfe" heißt es: Zivilisation adé! Hier sieht man weder Haus noch Hof, dafür kleine Vulkanöfen, Salzwiesen und Muschelstrände. Schon der Bootstrip dorthin macht Lust und Laune (s. S. 26)!

… vom Sonntagsmarkt in La Lajita

Im Schatten von Palmen, aus denen bunt gefiederte Aras lugen, verkaufen Fuertes Bauern all das, was sie produziert haben: pikanten Ziegenkäse, Meersalz und eingelegte Oliven, Anisbrot, Kaktuslikör und -marmelade (s. S. 62).

… von den Atlashörnchen

Sie kamen in den 1960er-Jahren mit der Fremdenlegion aus Afrika und fühlten sich so wohl, dass sie sich rasch vermehrten. Die possierlichen, kaum 15 cm großen Tierchen findet man im Bergland ebenso wie am Strand. Haben Sie Nüsse dabei, werden Ihnen die Atlashörnchen gern aus der Hand fressen (s. S. 44)!

063fu Abb.: gs
064fu Abb.: pa
065fu Abb.: gs
066fu Abb.: gs

Fuerteventura

Bin auf einer urigen Insel gelandet – sieht aus wie ein Stück Wüste, das ins Meer geworfen wurde und die **Form eines Bumerangs** hat, 110 km lang und 30 km breit! Die Sahara ist nicht weit entfernt – an einem klaren Tag glaubte ich die Silhouette von Afrikas Küste zu sehen. Es gibt hier **Sand in Hülle und Fülle**: samtweich und schneeweiß, manchmal goldgelb. Kilometerweit zieht er sich die Küste entlang. Stellenweise weht er landeinwärts, legt sich in Salzmarschen und türkisfarbene Lagunen, dann wieder stapelt er sich zu hohen Dünen. Fuertes **Strände**, darin sind sich alle einig, die auch die andern Kanareninseln kennen, sind mit Abstand die schönsten! Dazu kommt das kristallklare Wasser, das strahlende Licht und die steife Brise – all dies sorgt für ein Gefühl von Wildheit und grenzenloser Weite. Hier ist man frei von Etikette und Zwang, von Sightseeing und anderen Strapazen. Der Name der Insel fasst es wunderbar zusammen: „La fuerte ventura", das „starke Abenteuer"!

Wildheit erlebt man nicht allein an der Küste. Im Inselinnern faszinieren Ebenen in Ocker- und Gelbtönen und mitten darin erloschene Vulkankegel. Dann wieder schieben sich gezackte Bergketten ins Bild, unterbrochen von Lava und Geröll. Wie grüne Tupfen verteilen sich in dieser Halbwüste stille Orte, die mit ihren Palmen an Oasen erinnern. Zum archaischen Bild passen die Windmühlen, deren Flügel sich freilich längst nicht mehr drehen, und die vielen Ziegen, aus deren Milch hervorragender Käse gezaubert wird. Man staunt, wie viel Sinnlichkeit in dieser Ödnis steckt ...

Der Autor

Dieter Schulze studierte Literatur- und Sozialwissenschaften und promovierte über modernes Theater. Doch ein Stubenhocker wollte er nicht werden – so hat er seine Wanderlust zum Beruf gemacht und viele Reisebücher geschrieben. Seine besondere Liebe gilt den Kanaren, auf denen er die Wintermonate verbringt: „Er kommt im Herbst mit den Wandervögeln und zieht im Frühjahr mit ihnen von dannen", spötteln seine kanarischen Freunde. Frucht der langen Aufenthalte auf den Inseln sind über zehn Kanaren-Bände, bei REISE KNOW-HOW erschienen „Lanzarote" und „Gran Canaria" sowie in der Kauderwelsch-Reihe der Titel „Spanisch für die Kanarischen Inseln".

Nach Fuerteventura kehrt er stets gern zurück, denn die Küsten strahlen über weite Strecken eine Wildheit aus, die den „großen" Kanaren längst ausgetrieben worden ist. Der Autor durchstreifte Fuerteventura zu Fuß, per Rad und im Auto, testete Unterkünfte und Restaurants. Den Lesern dieses Buches empfiehlt er, die „schönsten Wochen des Jahres" nicht allein am Hotelpool zu verbringen. Erkunden Sie die faszinierende Natur dieser Wüsteninsel!

Inhalt

Benutzungshinweise

Orientierungssystem

Die im Kapitel „Orte und Regionen"
beschriebenen Sehenswürdigkeiten sind
mit einer **fortlaufenden magentafarbenen
Nummer** gekennzeichnet, die sich als Orts-
marke im Faltplan wiederfindet. Steht die
Nummer im Fließtext, verweist sie auf die
Beschreibung dieser Sehenswürdigkeit.
Die Angabe in **eckigen Klammern** verweist
auf das Planquadrat im Faltplan oder auf
den Ortsplan. Beispiel:

🔴 **Betancuria** ★ ★ ★ [D8]

Alle weiteren Points of Interest wie Unterkünfte, Restaurants oder Cafés sind mit
einer Nummer in **spitzen Klammern** verse-
hen. Anhand dieser eindeutigen Nummer
können die Orte in unseren speziell aufbe-
reiteten Satellitenkarten unter www.reise-
know-how.de/inseltrip/fuerteventura15
lokalisiert werden. Beispiel:

❯ **Cafetería Molino** € ‹088›

Beginnen die Points of Interest mit einem
farbigen Quadrat, so sind sie zusätzlich im
jeweiligen Ortsplan eingezeichnet:

■ **Factoría** € ‹021›

Abkürzungen

Av.	*Avenida*
Ctra.	*Carretera* (Straße)
C.C.	*Centro Comercial*
	(Einkaufszentrum)

Vorwahlen

Bei Gesprächen aus dem Ausland nach
Spanien wählt man die Vorwahl 0034 und
dann die jeweils im Buch angegebenen
neunstelligen Rufnummern.

Bewertung der Sehenswürdigkeiten

★ ★ ★	Sehenswürdigkeit mit inselweiter Bedeutung
★ ★	Sehenswürdigkeit mit lokaler Bedeutung
★	touristisch wichtiger Ort

ORTE UND REGIONEN

Fuerteventura im Überblick

Die großen Ferienorte

Fuerteventuras große Ferienorte liegen an der **Ostküste**, denn dort gibt es die schönsten Strände. Flach fallen sie ins Meer, sodass man überall problemlos ins Wasser gelangt. Auch Brandung und Strömung sind weit schwächer als an der Westküste, wo das Baden gefährlich ist.

Im hohen Norden liegt **Corralejo 7**, dessen naturgeschützte Dünenstrände sich sieben Kilometer gen Süden erstrecken. Der aus einem Fischerdorf hervorgegangene Ferienort ist jung und international. Briten und Deutsche, Italiener, Skandinavier und Spanier kommen hierher, dazu Surfer aus ganz Europa.

Auf halber Strecke in Richtung Süden liegt **Caleta de Fustes 47** in einer kleinen, geschützten Bucht: ein Urlaubsresort vom Reißbrett mit zwei Golfplätzen, Jachthafen und geklonten, sich landeinwärts ziehenden Bungalowsiedlungen. Vieles ist hier auf britische Bedürfnisse zugeschnitten – vom Fish-and-Chips-Imbiss über Live-Übertragungen der Champions League bis zum Irish Pub.

Auf der **Halbinsel Jandía**, wo sich Fuerteventura taillenförmig verengt, beginnen die deutsch dominierten Resorts. Der Reigen startet mit **Costa Calma 60**, einer lang gestreckten und immer noch ruhigen Urbanisation. Sie liegt am Auftakt der legendären Pla-yas de Sotavento, einer endlosen Folge von Stränden. Über 20 km reichen sie südwärts, umfassen eine riesige Lagune, Wanderdünen und naturgeschützte Salzmarschen.

Auf Costa Calma folgt der Surfertreff **Playa Barca 62**, dann der auf mehreren Klippen thronende Ferienort **Butihondo-Esquinzo**. Große Clubs und All-inclusive-Hotels findet man hier ebenso wie kleinere, familiär geführte Komfortunterkünfte. Im Süden Fuerteventuras entstand das größte Touristenzentrum der Insel, das großzügig gebaute **Jandía**, das fast nahtlos ins ehemalige Fischerdorf **Morro Jable 64** übergeht. Letzteres hat sich mit einer attraktiven Promenade und verkehrsberuhigten Gassen, einem Jacht- und Fährhafen kanarisches Ambiente bewahrt.

Abseits der Ferienzentren

Wer touristische Kunstwelten scheut, macht Urlaub abseits der großen Ferienorte. Die Hauptstadt **Puerto del Rosario 1** taugt freilich nur für einen Stopover. Besser aufgehoben ist man in **El Cotillo 13**, einem expandierenden Fischerort im Nordosten. Dort gibt es kleine Unterkünfte, Bars und Lokale, dazu gleißend helle Strände und Lagunen. Zum Szene- und Travellerort hat sich auch das benachbarte **Lajares 18** entwickelt.

Weiter im Landesinnern bieten die beschaulichen Dörfer **Betancuria 29**, **Antigua 40** und **Pájara 38** gleichfalls Quartier. An der Ost- und Südküste gibt es Individualisten-Unterkünfte in **Las Playitas 54**, **Tarajalejo 58** und **Morro Jable 64**.

◁ *Vorseite: Bequem zum Strand hinab – Costa Calma* **60**

Inselsteckbrief

> **Lage:** im Südosten des kanarischen Archipels, ca. 100 km vom afrikanischen Festland entfernt

> **Entstehung:** Vor 40 Millionen Jahren führten unterseeische Vulkanausbrüche zum Aufbau eines Inselsockels. 20 Millionen Jahre später begann Fuerteventura, über die Meeresoberfläche hinauszuwachsen, und ist somit die älteste der Kanarischen Inseln. Der letzte Ausbruch ereignete sich vor 7000 Jahren.

> **Höchster Berg:** Pico de la Zarza im Inselsüden, 807 m

> **Fläche:** Mit 1660 km² ist sie – nach Teneriffa – die zweitgrößte Insel der Kanaren. Sie ist 100 km lang und max. 30 km breit.

> **Einwohner:** über 105.000, davon 15 % Ausländer. Ca. 60 % der Bewohner sind nicht auf der Insel geboren, sondern im Zuge des Tourismusbooms eingewandert.

> **Bevölkerungsdichte:** Mit 62 Menschen pro km² ist die Insel die „einsamste" der Kanaren.

> **Religion:** vorwiegend römisch-katholisch

> **Hauptstadt:** Puerto del Rosario mit 30.000 Einwohnern

> **Verwaltung:** Die Kanarischen Inseln bilden innerhalb Spaniens eine autonome Region (vergleichbar den deutschen Bundesländern). Diese ist in zwei Provinzen geteilt: Fuerteventura gehört mit Lanzarote und Gran Canaria zur Ostprovinz „Las Palmas de Gran Canaria". Teneriffa bildet mit La Palma, Gomera und El Hierro die Westprovinz „Santa Cruz de Tenerife". Außerdem wird jede Insel von einem Cabildo Insular, einem Inselrat, regiert. Ihm unterstehen die Gemeinden *(ayuntamientos)*.

> **Wirtschaft:** Haupteinnahmequelle ist der Tourismus mit 1,5 Mio. Urlaubern pro Jahr. Die Landwirtschaft (Tomatenanbau, Ziegenkäse) spielt nur eine regionale Rolle.

> **Zeit:** Westeuropäische Zeit (UTC) (entspricht der mitteleuropäischen Zeit minus 1 Std.)

Aufgrund der beträchtlichen Entfernungen könnte es sich lohnen, mehrfach die Unterkunft zu wechseln und so die unterschiedlichen Orte und Landschaften intensiv kennenzulernen. Zumindest in der Hochsaison empfiehlt es sich, die gewünschte Unterkunft im Voraus zu reservieren.

Wie die Insel erkunden?

Nicht nur Fuerteventuras Strände, auch das Hinterland lohnen einen Besuch. Mit öffentlichen **Bussen** sind alle wichtigen Gemeinde- und Ferienorte gut erreichbar, rar sind allerdings die Verbindungen in Dörfer des Landesinneren. Aufgrund der vergleichsweise günstigen Preise könnte es sich lohnen, zumindest für 1 bis 3 Tage einen **Mietwagen** zu nehmen. Für die Erkundung der nur auf Piste erreichbaren Inselsüdspitze ist ein **Jeep** nötig.

Ausflugsboote schippern zum naturgeschützten Felseiland Isla de Lobos ⑫ ab Corralejo ❼ im Norden. Dort starten auch die Linienfähren zur Nachbarinsel Lanzarote.

Von Puerto del Rosario ❶ im Osten wie auch von Morro Jable ㉔ im Süden kommt man per Schiff nach Gran Canaria, der drittgrößten Insel der Kanaren.

006fu Abb.: gs

❶ Inselhauptstadt Puerto del Rosario ★★   [K6]

Fuerteventuras Hauptstadt ist keine Schönheit, doch für einen Tagesausflug ist sie allemal gut – und Traveller bleiben dank preiswerter Unterkünfte und guter Busanbindung gern auch länger. Hier bewegt man sich ganz und gar unter Einheimischen, nimmt teil am lässigen kanarischen Alltag. Besonders ein Spaziergang an der Meerespromenade entlang und über die Fußgängerstraßen sowie der Besuch des Unamuno-Museums sind zu empfehlen. Wer shoppen will, geht ins Einkaufszentrum Las Rotondas – dort tobt das Leben selbst in Zeiten der Krise.

Strände

Die Hauptstädter haben einen kleinen Strand direkt vor der Haustür: Die **Playa de los Pozos** ist hellsandig und für ein Sonnenbad während der Siesta kein schlechter Ort. Allerdings ist das Wasser aufgrund der Hafennähe nicht unbedingt sauber.

In **Playa Blanca**, drei Kilometer südlich, gibt es einen weiteren hellen, 500 Meter langen Strand, auf dem allerdings wegen der Nähe zum Flughafen mit Fluglärm zu rechnen ist. Das am Südende des Strandes erbaute Fuerteventura-Hotel wurde geschlossen, landeinwärts entstan-

EXTRATIPP

Wann nach Puerto del Rosario?

Am meisten los ist am Vormittag und am Abend, zur Siesta (13–17 Uhr) hingegen werden die Bürgersteige hochgeklappt. „Tote Hose" herrscht auch am Sonntag, wenn fast alle Bewohner an die Strände des Nordens oder Südens pilgern. Will man die Hauptstadt in Feststimmung erleben, so kommt man zur Karnevalszeit im Februar – dann gibt es Maskenbälle, Umzüge und Salsa-Sessions. Auch nicht schlecht ist die Fiesta de la Virgen del Rosario Anfang Oktober mit Spiel und Sport, Prozession, Folklore und Tanz.

den Wohnsiedlungen für betuchte Hauptstädter.

Ein paar Stadtbewohner bevorzugen bis heute die dunkelsandige, 700 Meter lange **Playa de Lajas** fünf Kilometer nördlich der Hauptstadt.

❷ Avenida Marítima ★★ [S. 16]

Die zwei Kilometer lange, mit Palmen bepflanzte **Uferpromenade** ist die Lebensader der Stadt. Auf den breiten Bürgersteigen wird flaniert und gejoggt, von Terrassencafés lässt man den Blick in die Ferne schweifen, schaut aufs Meer und die einlaufenden Schiffe. Über die Promenade

gelangt man zum Ortsstrand Playa de los Pozos, den Ort von Spiel und Entspannung.

Auch die vielen **Skulpturen**, die die Promenade in eine Open-Air-Galerie verwandeln, tragen zur Atmosphäre bei. Da sieht man einen pompösen, von der „arbeitenden Frau" gekrönten Riesenbrunnen, einen Mann, der sehnsüchtig landeinwärts blickt, Riesenmuscheln und bunte Mosaikmauern.

Die Promenade reicht von der Hafenmole im Nordosten bis zur Kreuzfahrtmole im Süden. Die meisten Bewohner sprechen schlicht von der Avenida Marítima, doch die offizielle Bezeichnung lautet Av. de los Reyes de España für den südlichen und Av. Ruperto González Negrín für den nördlichen Abschnitt.

◁ *Wo die Hauptstadt am schönsten ist – an der Meerespromenade*

❸ Plaza de España ★ [S. 16]

Nahe dem Kreisverkehr mit dem großen Wasserspiel weitet sich die Promenade zu einer schattigen Plaza. Hier atmet die Hauptstadt noch **historisches Flair**. In einem alteingesessenen Terrassenlokal essen Einheimische unter ausladenden Baumkronen Fisch-Tapas.

Ein Denkmal zeigt zwei zerbeulte Koffer, Mantel, Hut und Schirm: *Equipaje de Ultramar* („Übersee-Gepäck") heißt das Werk, das daran erinnert, dass viele Insulaner nach Amerika auswandern mussten, um Hunger und Armut zu entfliehen.

An die Plaza schließt sich das restaurierte Viertel der Fischer an, über Treppen geht es aufwärts zur winzigen Markthalle.

❹ Iglesia de Nuestra Señora del Rosario ★ [S. 16]

Von der Plaza de España führt die Allee León y Castillo zu einem weiten, terrassenförmig angelegten Platz hinauf. Hier treffen weltliche und geistliche Macht zusammen: Inselregierung, Gericht, Polizei und mittendrin die „Kirche der Rosenkranzmadonna". Mit dem Bau des einschiffigen, streng klassizistischen Gotteshauses wurde 1824 begonnen, doch erst über 100 Jahre später erhielt es seine **eklektizistische Fassade** mit Elementen aller Stilepochen. Drinnen präsentiert sich die Kirche eher schlicht. Schön anzuschauen sind die Holzdecke, die bunten Glasfenster und eine Reihe von Statuen.

❯ Calle León y Castillo s/n, tgl. geöffnet

Insel der Verbannten

Es gab eine Zeit, da wurden Unliebsame nach Fuerteventura verbannt, die Wüste sollte sie zur Räson bringen. Prominentester Exilant war **Miguel de Unamuno** *(1864–1936), einer der wichtigsten spanischen Schriftsteller des 20. Jahrhunderts. Kaum hatte er 1924 die Militärdiktatur Primo de Riveras kritisiert, verlor er sein Amt als Rektor der Universität von Salamanca und wurde nach Fuerteventura „versetzt". Doch in der Verbannung mobilisierte Unamuno sein kreatives Potenzial. Er organisierte Diskussionszirkel, schrieb Artikel für Zeitungen in Las Palmas, Madrid und Buenos Aires und verfasste Sonette für ein Buch, das später unter dem Titel „Von Fuerteventura nach Paris" erschien.*

Zugleich war er auf Fuerteventura viel unterwegs: Auf einem Kamel beritt er die Insel, fasziniert von den kahlen, asketischen Bergen. Am „verbrannten Berg" der Montaña Quemada, so schrieb er einem Freund, wollte er begraben sein.

Vier Monate blieb Unamuno auf der Insel, dann trieb es ihn fort. Mit Hilfe seines Sohnes, der ihm von Gran Canaria ein Boot schickte, stach er in Caleta de Fustes in See und reiste nach Paris. Erst 1934, nach dem Sturz Primo de Riveras, kehrte er nach Spanien zurück, wo er am 31. Dezember 1936 starb. Sein Versprechen, Fuerteventura noch einmal zu besuchen, hat er nicht einlösen können. „Mit meiner Seele bin ich immer dort", hat er in einem Essay geschrieben. Fuertes Bewohner (die „Majoreros") dankten es ihm mit einem Museum in Puerto del Rosario, dem Casa Museo Unamuno, und einem Denkmal am Fuß der Montaña Quemada.

❺ Casa Museo Unamuno ★★ [S. 16]

Am selben Platz wie die Iglesia befindet sich auch das Unamuno-Museum. Es bietet die Gelegenheit, ein historisches Haus von innen in Augenschein zu nehmen und sich einen Eindruck davon zu verschaffen, **wie gut situierte Insulaner einst wohnten.**

Rings um einen Innenhof verläuft eine Art Kreuzgang, von dem mehrere Räume abgehen: gut geschnitten und luftig, funktional und gemütlich. Für eine heitere Note sorgen die handbemalten Fliesen, die in fast jedem Zimmer anders gestaltet sind. Liebevoll zusammengestellte Details versetzen Besucher in die 1920er-Jahre. Da sind das alte Grammophon im Salon, die Waschschüssel im Schlafzimmer und die verschnörkelten Wasserhähne im geräumigen Bad. Im Arbeitsraum fehlt das Telefonungetüm auf dem Schreibtisch ebenso wenig wie das Kreuz an der Wand. Vergilbte Fotografien erinnern an den nach Fuerteventura verbannten Schriftsteller Miguel de Unamuno (Exkurs s. S. 14). In der Küche beeindruckt der riesige Rauchabzug über dem Gusseisenofen.

❯ Calle Virgen del Rosario 11,
　 Mo–Fr 9–14 Uhr, Eintritt frei

❻ Centro de Arte Contemporáneo Juan Ismael ★ [S. 16]

Kunstfreunde unternehmen gern einen Abstecher zum „Zentrum für zeitgenössische Kunst", das gut 1 km östlich der Hafenmole liegt.

Ein **ehemaliger Kinopalast**, entkernt und in lichtes Weiß getaucht, bietet einen schönen Rahmen für wechselnde **Ausstellungen zeitgenössischer Kunst.** Benannt ist das Zentrum nach dem aus La Oliva stammenden Surrealisten Juan Ismael (1907–1981).

❯ Calle Almirante Lallermand 30,
　 Tel. 928859750, Di–Sa 10–13 und
　 17–21 Uhr, mit Museumsshop

⌂ *Hell und luftig – das Centro de Arte Contemporáneo Juan Ismael*

Puerto del Rosario 0 ——— 100 m © REISE KNOW-HOW 2015

La Oliva

Av. de la Constitución

1 ⊕ Krankenhaus,
✈ Flughafen

2 Ⓑ Estación
de Guaguas
(Busbahnhof)

23 de Mayo

Secundino Alonso

Teniente Duran

Nuestra Señora del Rosario

León y Castillo

La Cruz

Maestro de Falla

San Roque

3

5 Casa
Museo
Unamuno

4 Iglesia de
Nuestra Señora
del Rosario

4

3 Plaza de
España

⊕ Apotheke

Primero de Mayo

5

Ayuntamiento
(Rathaus) und
● Polizei

★ Auditorio

Fdez. Castañeyra

6

Av. de los Reyes de España

7

9

● Muelle
de Cruceros

8

2

Avenida
Marítima

Ruperto González Negrín

10

ⓘ

Oficina de
Información
Turística Puerto
del Rosario

11

Puerto

6 Centro de Arte
Contemporáneo
Juan Ismael

ⓘ

Patronato de Turismo
de Fuerteventura

●
Muelle Comercial

Corralejo

🟩 Einkaufen
1 C.C. Las Rotondas
2 Mercado Agricola
4 Productos de
   Fuerteventura
7 Mercado Municipal

🟦 Essen und Trinken
5 Casa Toño
6 La Terraza del Muelle
8 Freiduria Tino

🟧 Nachtleben
3 Calle 54

🟥 Übernachtung
9 Hostal Tamasite
10 Pensiòn Roque Mar
11 JM Puerto Rosario

Große Pläne, wenig Geld

Was wollte man in Puerto del Rosa-rio nicht alles erschaffen: einen Kreuz-fahrtterminal und einen Jachthafen, dazu die Verschönerung der Meeres-front bis hin zur südlich der Stadt gele-genen Playa Blanca. Mit Mühe wurde das Auditorio fertiggestellt, das haupt-städtische Konzert- und Kulturhaus an der Promenade.

*Die **globale Finanz- und Wirt-schaftskrise** hat alle hochfliegenden Pläne zunichte gemacht. Nachdem der Strom billigen internationalen Bank-geldes in Spanien 2009 schlagartig verebbt war und keine Kredite mehr ausgegeben wurden, geriet die Bau-wirtschaft, der Motor der spanischen Ökonomie, ins Stottern. Viele Beschäf-tigte verloren ihren Job, konnten ih-ren teuren Kredit nicht mehr ablösen*

und mussten ihr Haus der Bank über-geben. Wenn sie trotz der Lage eine Arbeit finden, stottern sie die Resthy-pothek ab, die nach der (Zwangs-)Ver-scherbelung ihrer Immobilie zu bedie-nen ist - an „ausschweifenden" Kon-sum wie früher ist nicht zu denken.

Auf Regierungsebene übersetzt sich das Geschehen in höhere Sozialausga-ben bei einbrechenden Steuereinnah-men: Die Kassen sind so leer, dass an ambitionierte Bauprojekte nicht zu denken ist.

Als Urlauber merkt man von den Problemen erstaunlich wenig. Trotz al-ler Widrigkeiten gute Laune zu zeigen, ist das Credo der Insulaner. „Wir kön-nen nichts ändern, warum also klagen und uns das Leben noch schwerer ma-chen", ist ein viel gehörter Satz.

Infos und Reisetipps

❯ **Patronato de Turismo de Fuerteventura** <001> Almirante Lallermand 1, Tel. 0034 928530844, www.fuerteventuraturismo. com, Mo–Fr 8–15 Uhr, im Sommer län-ger. Hierbei handelt es sich um die Tou-risteninformation für die gesamte Insel. Im Gebäude am Eingang zur Muelle Comercial bekommt man Prospekte zu Turismo Rural (Tourismus auf dem Land), Sehenswürdigkeiten und Museen sowie den aktuellen Busfahrplan.

❯ **Oficina de Información Turística Puerto del Rosario** <002> Av. de los Reyes de España s/n, Tel. 0034 928850110, www.puertodelrosario.org, www.turismo-puertodelrosario.org, Mo–Fr 9–14, Sa 10–13 Uhr. Touristeninformation für die Stadt Puerto del Rosario.

❯ **Taxirufnummer:** Tel. 928850216

❯ **Bus:** Ab Puerto del Rosario bestehen Ver-bindungen zu allen wichtigen Orten der

Insel (Busnetz s. S. 130). Der Busbahn-hof befindet sich an der Av. de la Consti-tución, ab Ecke León y Castillo 10 Geh-minuten in nördlicher Richtung.

❯ **Fähre:** Mehrmals wöchentlich kommt man mit der Autofähre nach Las Palmas de Gran Canaria (Fahrzeit 8 Std.). Tickets gibt es an der Mole und in Reisebüros.

Unterkünfte

■ **Hostal Tamasite** € <003> Calle León y Castillo 9, www.hoteltamasite.com, Tel. 928850280. Zentral gelegene, ordent-liche Unterkunft mit 17 Doppel- und einem Einzelzimmer, alle mit eigener Dusche.

■ **JM Puerto Rosario** €€€ <004> Av. Ruperto González Negrín 9, Tel. 928859464, www.jmhoteles.com. Von den höher gelegenen Zimmern im neun-stöckigen Hotel an der Promenade hat man einen schönen Ausblick aufs Meer, viele Geschäftsleute kehren hier ein. Vom Büfettfrühstück sollte man nicht viel erwarten, für Joghurt und gebratenes Ei muss man extra zahlen.

■ **Pensión Roque Mar** € ‹005› Av. Ruperto González Negrín 1, Tel. 928850359. Eine gute Zwischenstation für Traveller: Vierstöckiges Haus am zentralen Kreisverkehr der Uferstraße mit 11 Zimmern, alle mit Bad und oft auch mit Balkon, sauber und freundlich geführt.

Essen und Trinken

■ **Casa Toño** €–€€ ‹006› Calle Alcalde Alonso Patallo 8, Tel. 928344736. Freundliches Lokal in einer von der Calle Primero de Mayo abgehenden Seitenstraße. Mit Tapas, Fischgerichten und viel Salat, dazu gibt es guten kanarischen Wein.

■ **Freiduría Tino** € ‹007› Av. de los Reyes de España s/n, Tel. 928530558, tgl. ab 7 Uhr. Ins Terrassenlokal am Südrand der Plaza de España kommen die Einheimischen schon früh am Morgen, um sich mit reichlich belegten Brötchen zu stärken. Später geht vor allem frischer Fisch über den Tresen – der Besitzer, Señor Tino, betreibt in der Markthalle einen Fischstand. Empfehlenswert ist die große Grillplatte für zwei Personen *(parrillada)* mit Calamares, Garnelen und Tintenfisch, Fischfilet und Salat. Flinke Kellner sorgen für gute Stimmung. Über die Promenade schaut man aufs Meer.

■ **La Terraza del Muelle** €€ ‹008› Av. Marítima, Calle Los Pozos 8, Tel. 928861635, tgl. ab 11 Uhr, wechselnder Ruhetag. Am Südabschnitt der Promenade gibt es mehrere Lokale, von denen Gonzalos Terrassenlokal am beliebtesten ist. Man schaut über die Straße zum Strand, bestellt zum Getränk eine Tapa, ein Fischgericht oder Meeresfrüchte. Gut schmecken auch cremiger Käsekuchen und Sekt-Sorbet.

Einkaufen

Vor allem in der **Fußgängerstraße Primero de Mayo** gibt es noch ein paar Läden, doch immer mehr von ihnen siedeln um ins große Einkaufszentrum:

■ **C. C. Las Rotondas** ‹009› Calle Francisco Pi y Arsuaga 2, www.lasrotondascentrocomercial.com, Mo–Sa 10–22 Uhr. Selbst zur Siesta-Zeit, wenn die Straßen der Hauptstadt leergefegt sind, herrscht im klimatisierten Einkaufszentrum Betrieb. Auf vier Etagen verteilen sich internationale Markenläden, dazu Bistros, ein riesiger Supermarkt und ein Gratis-Parkplatz. Im Las Rotondas findet man u. a. C&A, H&M, Stradivarius, Bershka und Zara, Massimo Dutti und Springfield, außerdem Sportfachgeschäfte und Schuhläden.

■ **Mercado Agrícola (Bauernmarkt)** ‹010› Estación Insular de Guaguas de Puerto del Rosario, Tel. 928861115, Sa 9–14 Uhr. Landwirtschaftliche Produkte werden im Obergeschoss des Busbahnhofs verkauft.

■ **Mercado Municipal** ‹011› oberhalb der Plaza de España, Mo–Sa 7–13 Uhr. Zuletzt konnte man in der Markthalle nur an wenigen Ständen noch etwas kaufen: Fisch, Käse, manchmal auch Fleisch.

■ **Productos de Fuerteventura** ‹012› Calle Primero de Mayo, Mo–Fr 10–13.30, 17.30–20.30, Sa 10–13.30 Uhr. Kunsthandwerk und Kulinaria exklusiv aus Fuerteventura.

Nachtleben

■ **Calle 54** ‹013› Calle Secundino Alonso 11, ab 23 Uhr. Im stimmungsvollen Innenhof trifft man sich gern auf ein Bier oder ein Glas Wein.

▷ *Mächtige Vulkane sind für Fuertes Norden charakteristisch*

101fu Abb.: kw

Der Norden

Mächtige Vulkankegel ragen aus einer weiten Ebene, die zur Küste hin in tief eingeschnittenen Buchten und weißsandigen Dünen ausläuft. Vor allem dieser attraktiven Küste verdankt **Corralejo** ❼ seinen Aufstieg zum wichtigsten Ferienort des Nordens. An den naturgeschützten Stränden kann man wunderbar baden und surfen, abends vergnügt man sich in den Kneipen der „Altstadt" – kein Ferienort auf Fuerte ist so quirlig wie Corralejo, nirgendwo gibt es ein solch buntes Völkergemisch!

Eine gute Adresse für Individualurlauber ist das einstige Fischerdorf **El Cotillo** ⓭, wo es schöne Lagunen und viele kleine Quartiere gibt. Landeinwärts liegt der Szenetreff **La-**

jares ⓲, der gleichfalls mit attraktiven Unterkünften aufwartet. Einen Besuch lohnt außerdem die Gemeindestadt **La Oliva** ⓳ mit Museen und einem imposanten Obristenpalast.

❼ Corralejo ★★★ [K2]

Dünen und weiße Strände, Promenaden zum Bummeln und Ausflugsmöglichkeiten per Boot: Kein Wunder, dass Corralejo bei einem vorwiegend jüngeren, internationalen Publikum so beliebt ist. Unterkünfte gibt es in jeder Kategorie, dazu eine gute Gastro- und Nightlife-Szene. Hier kommt mit Sicherheit keine Langeweile auf! Hervorragende Tauch- und Surfspots liegen unmittelbar vor der Haustür. Das Hinterland lässt sich per Bus, Mountainbike oder Quad erkunden.

Heute ist kaum vorstellbar, dass Corralejo noch vor wenigen Jahrzehnten ein verschlafenes Fischernest war. Rings um die hafennahe Mini-Altstadt entstanden Großhotels und Apartmenthäuser, die immer weiter ins Hinterland ausgreifen. Im Ortsbereich gibt es mehrere kleine Strände, doch das Highlight von Corralejo sind die drei Kilometer südlich des Orts beginnenden **Grandes Playas**, an die sich landeinwärts Wanderdünen anschließen.

❽ Paseo Marítimo ★★★ [S. 24]

Hier zeigt sich Corralejo von seiner schönsten Seite. In malerischen Kehren zieht sich die **Meerespromenade** um mehrere kleine Badebuchten, wobei sie immer wieder Ausblicke auf die Insel Lobos und manchmal auch auf Lanzarote gewährt. Kleine und große Fähren, Fischer- und Segelboote sorgen für maritimes Flair. Für eine Pause bietet sich eines der vielen **Terrassenlokale** an.

Die Promenade führt nordwärts an der kleinen Mole, der Muelle Chico, vorbei, in deren Schatten ein paar *Majoreros* (so nennen sich die Bewohner von Fuerte) Fische schuppen und Reusen flicken. Vorbei an

der Touristeninfo kommt man zur **Esplanade.** In mehreren Pavillons werden Tickets für Bootstouren verkauft, besonders beliebt sind **Fahrten nach Lobos** ❶❷. Mehrere Boote konkurrieren um die Gunst der Besucher, am preiswertesten ist die Überfahrt mit der „Isla de Lobos".

❾ Altstadt ★★ [S. 24]

Von der Promenade zweigen Gassen in die Altstadt ab. Beste Ferienstimmung herrscht auf der von vielen Lokalen gesäumten **Plaza Felix Estévez.** Fast jeden Abend gibt es dort Folklore live, schon früh sind alle Terrassencafés besetzt.

Viele Lokale gibt es auch in der **Calle La Iglesia**, in der noch am stärksten der Charakter des alten Corralejo spürbar ist. Steingepflastert und von Laternen flankiert, führt sie nordwärts zur kleinen Ortskirche.

❿ Avenida del Carmen ★ [S. 24]

Fast großstädtisch präsentiert sich die **vierspurige Hauptstraße**, die am Einkaufszentrum Atlántico startet und aus dem Ort südwärts hinausführt. Sie ist gesäumt von Banken und Reisebüros, Boutiquen und Sportläden. Westlich der Straße liegt das Viertel der Einheimischen mit Busbahnhof und Gesundheitszentrum, östlich erstrecken sich Apartmentanlagen bis zur Küste.

Ein Stück weiter südlich kommt man zum **Parque Aquático Baku**, einer Wasserlandschaft mit Wellenbad und Riesenrutschen. Mit 25 € leider zu teuer fürs Gebotene! Vor dem Baku findet jeden Montag- und

▷ *Rutsch- und Kletterpartie in den Dünen von Corralejo*

Freitagmorgen der **Wochenmarkt** (s. S. 23) statt.

❯ Av. del Carmen 41, Tel. 928867227, www.bakufuerteventura.com

⓫ Las Dunas El Jable ★ ★ ★   [K2]

Von den Grandes Playas erstrecken sich beeindruckende **Wanderdünen** über mehrere Kilometer landeinwärts. Sie sind organischen Ursprungs: Der Sand wurde nicht von der Sahara herübergeweht, es handelt sich vielmehr vorwiegend um Korallen, Muscheln, Krebs- und Seeigelpanzer, die die Meeresbrandung zu feinsten Partikelchen zerrieben und an die Küste geschwemmt hat. Sind die feinen Körner getrocknet, werden sie landeinwärts geweht. Dabei formen sich sich zu sichelförmigen, bis zu 20 m hohen Dünen.

Nur **salz- und sandliebende Pflanzen** trotzen der **extremen Trockenheit**, so der Dornlattich mit seinen zarten, zickzackförmigen Zweigen und der knubbelartige Traganum-Strauch. Sie tragen dazu bei, dass die Düne befestigt und „sesshaft" wird.

KURZ & KNAPP

Fossile Bienenhäuser

Wer in den Dünen auf festen, vom Wind freigewehten Sandboden tritt, stößt auf bis zu vier Zentimeter große „Garnrollen". Dabei handelt es sich um **Nester von Pelzbienen**, die vor Tausenden von Jahren von den weiblichen Tieren aus Lehm erbaut und mit Speichel verbacken wurden. In den köcherartigen Hohlraum legten sie ihre Eier, dazu Blütenpollen als Nahrung für die geschlüpften Larven. Die Nester sind ein Beleg dafür, dass der Boden einst feuchter war, denn die Bienen deponieren ihre Eier in wasserreicher Erde. Seit diese fortgeschwemmt ist, haben die Pelzbienen der Insel den Rücken gekehrt.

Und sie sorgen dafür, dass selbst in der Wüste Tiere leben können: Rascheln im Gebüsch deutet auf Eidechsen hin; auch Vögel sind zu hören, darunter die scheue Kragentrappe. Für eine **Wanderung** durch die Dünen empfiehlt sich der Morgen oder

100fu Abb.: kw

der späte Nachmittag: Dann ist der Sand nicht so heiß und das Licht ist am schönsten. Nehmen Sie viel Trinkwasser und eine Kopfbedeckung mit!

Übrigens: Der Name „El Jable" ist eine Verballhornung des französischen Worts *sable* (Sand), mit dem die normannischen Eroberer 1402 die Dünen im Norden und Süden der Insel bezeichneten.

Strände

Attraktiv sind die Ortsstrände, die von der kleinen Mole (Muelle Chico) südwärts aufeinanderfolgen. Am Ende der Promenade geht es teils durch rieselnden Sand, teils über Fels weiter. Auf der Höhe des Hotels Atlantis Bahía Real werden zwei Stege passiert, von deren Spitze man die Küste überblickt. Im weiteren Verlauf geht es an mehreren Felskaps und Strandabschnitten vorbei, bis endlich – nach insgesamt einer Stunde Gehzeit – die wunderbaren **Grandes Playas** erreicht sind: Sie erstrecken sich über sieben Kilometer längs der Küste und gehen landeinwärts in Dünen über. Das Wasser ist transparent und schillert über dem weich-weißen Sand in Türkistönen.

Im Umkreis der Riu-Hotels werden Strandliegen und Schirme verliehen, es gibt Fuß- und Körperduschen, eine Rote-Kreuz- und Baywatcher-Station. Je weiter man sich von den Riu-Hotels entfernt, desto einsamer und wilder sind die Strände – und umso mehr Nackedeis tummeln sich im Sand. Erreichbar sind die Grandes Playas mit Buslinie 6 oder zu Fuß in 45 Min. ab Ortszentrum.

Tipp: Wer zu den Grandes Playas nicht laufen, sondern fahren will, steigt in Corralejo in den Bus Nr. 6. Autofahrer finden einen Parkplatz bei den Riu-Hotels.

Infos und Reisetipps

> **Oficina de Información Turística Corralejo** <014> Muelle Chico, Av. Marítima 2, www.corralejograndesplayas.com, Tel. 928866235, Okt.–Mai Mo–Fr 8–15, Sa/So 9–15 Uhr, Juni–Sept. eine Std. kürzer. Eine zweite Touristeninformation befindet sich im Hafengebäude (Tel. 928537183, Sa/So geschl.).

> **Bus:** Vom Busbahnhof *(Estación de Guaguas)* in der Av. Juan Carlos I s/n starten Linienbusse nach Puerto del Rosario (Linien 6, 7), La Oliva, Lajares und El Cotillo (Linien 7, 8).

Unterkünfte

■ **Ap. Ineika** €–€€ <015> Nuestra Señora del Pilar 3, Tel. 928535744, www.ineika. com. Für jüngere Leute eine gute Option, angeschlossen an die gleichnamige Wellenreitschule. Man teilt sich mit den übrigen Gästen Küche und Aufenthaltsraum und schläft in sauberen Zwei- bis Vierbettzimmern mit Gemeinschaftsbad (getrennt nach Geschlecht). Komfortabler wohnt man – gegen Aufpreis – in den angrenzenden Apartments. Dank der Besitzer Sigi und Maria ist das Ambiente freundlich-locker. WLAN.

■ **Gran Hotel Atlantis Bahía Real** €€€€ <016> Av. de las Grandes Playas s/n, Tel. 928536444, www.atlantishotels.com. Das einzige Fünfsternehotel im Norden, nirgendwo genießt man größeren Komfort! Beim Frühstücksbüfett, das auch draußen eingenommen werden kann, biegen sich die Tische vor Früchten, es gibt Obstsaft, iberischen Schinken und Käse. Das Spa öffnet sich mit einem großen Thermalbecken zum Meer, im Garten erholt man sich an Süßwasserpools. Wer lieber am Dünenstrand badet, lässt sich im Gratis-Shuttle (mehrmals täglich) zu den Grandes Playas kutschieren. Alternativ gibt es zwei weit ins Meer ragende Molen mit Liegen und Sonnenschirmen – auch für Nicht-Hotelgäste zugänglich!

■ **Riu Palace Tres Islas** €€€ <017> Av. de las Grandes Playas s/n, Tel. 928535700, www.riu.com. Sechsstöckiges Hotel mitten in den Dünen, direkt vor dem Sandstrand. Man wohnt ruhig, aber abgeschnitten vom städtischen Leben – zum Ortszentrum sind es 5 km. Die 365 Zimmer sind gemütlich, aber nicht sehr groß. Wer „all-inclusive" bevorzugt, wählt das Riu Oliva Beach Resort gleich nebenan.

Essen und Trinken

■ **Café La Ola** € <018> Paseo Marítimo Bristol s/n, Tel. 928535304, tgl. ab 8 Uhr. Im Café vor der Wellenmauer der Hauptmole gibt es deutsches Sauerteigbrot, Hefe- und Laugengebäck sowie vielerlei Kuchen, z. B. hervorragenden Apfelstreusel! Geleitet wird es von Marion, die auch Frühstück in allen Preislagen serviert.

■ **El Andaluz** €€ <019> Calle La Ballena 5, Mobiltel. 676705878, Mo–Sa 18.30– 22 Uhr. Manolo und seine österreichische Frau Birgit führen ihr intimes Lokal seit Jahren erfolgreich. Zunächst werden Brot und Olivenöl serviert, danach folgen in Öl brutzelnde Garnelen oder andere, mediterran inspirierte Vorspeisen. Deutsche Gäste starten gern direkt mit einem Fisch- oder Fleischgericht, z. B. Lachstatar mit Rösti oder Rinderfilet.

■ **El Sombrero** €€€ <020> Av. Marítima 25, Tel. 928867531, Do–Di ab 18.30 Uhr. Der Erfolg dieses Lokals verdankt sich seiner „Erlebnisgastronomie". Außer drei Fonduevariationen gibt es den „Piraten-Galgen": Vor den Augen der Gäste wird ein an einem schmiedeeisernen Galgen baumelndes Filetstück mit Brandy übergossen und entzündet, dazu werden diverse Soßen, Salate und Pommes gereicht. Aber Tony und Queta, die Schweizer Besitzer, halten noch viele weitere Überraschungen bereit!

■ **Factoría** € <021> Av. Marítima/Ecke Calle Delfín, Tel. 928535726, tgl. ab 11 Uhr. Ein guter Ort, um an der Promenade für wenig Geld satt zu werden. Luca und Enrico bereiten den Teig für Pizza und Pasta selber zu und sparen nicht an Zutaten. Unkompliziert und locker, von der Terrasse blickt man über den Ortsstrand auf ein- und auslaufende Schiffe.

■ **Tio Bernabé** €€ <022> Calle La Iglesia 9, Tel. 928535895, tgl. ab 12 Uhr. Lokal in der Fußgängerzone mit spanisch-kanarischen Gerichten und am Wochenende Livemusik. Für frische Meeresfrüchte ist ein spezieller Tag reserviert, kanarischer Fleischeintopf schmeckt am besten am Sonntag. Stets im Angebot sind Schweinefilet (besonders gut in Honigsoße!), Hühner-, Kaninchen- und Ziegenfleisch, Paella, Menüs für Kinder und Vegetarier.

■ **Waikiki** € <023> Calle Aristides Hernández Morán 11, www.waikikibeachclub.es, Tel. 928535697, tgl. 10–23, Küche bis 17.30 Uhr. Snackbar, Lokal und Disco-Pub am Strand La Galera. Gute Lage, passable Gerichte.

Einkaufen

❯ **Einkaufszentren:** *Centros Comerciales* gibt es vor allem entlang der Hauptstraße Avenida del Carmen, alle nach dem gleichen Muster gestrickt mit einer Vielzahl von Läden und Lokalen.

■ **Mercadillo (Baku-Markt)** <024> Av. del Carmen s/n, Mo und Fr 9–14 Uhr.

■ **Mercado Canario** <025> Centro Comercial El Campanario (Calle Hibiso 1), Do und So 10–14 Uhr (mehr Kunsthandwerk als auf dem Baku-Markt).

Nachtleben

Pubs, Clubs und Lounges sind entlang der Hauptstraße Av. del Carmen und in den Einkaufs- und Vergnügungszentren *(Centros Comerciales)* zahlreich zu finden. Auf der Open-Air-Bühne des Altstadtplatzes (Plaza Felix Estévez) gibt es jeden Abend Livemusik, beliebte Sommerdisco ist der **Waikiki Beach Club** (s. S. 23).

Corralejo

3

4
🛥 Dünenstrände

Av. Fuerteventura B

B

El Pozo

Las Dunas

Grandes Playas

5

Corralejo Zentrum

Gravina

Lepanto

Almirante Nelson

La Milagrosa

Méndez Pinto

Parque Infantil

Plaza Pública

José Segura Torres

10 **Av. del Carmen**

Tank-stelle 🔒

Altstadt 9

Plaza Félix E.

León y Castillo

● **Polizei** ●

Paseo Atlántico

Hernán Cortes

Open-Air-Bühne ●

2

3

La Iglesia

Paseo Marítimo 8

Av. Marítima

1

Playa Muelle Chico

El Muelle (Alte Mole)

🛈 **Oficina de Información Turística Corralejo**

4

■ **Essen und Trinken**
1 Factoría
2 Tío Bernabé
3 El Andaluz
4 El Sombrero

0 ———— 100 m

0 ——— 200 m   © REISE KNOW-HOW 2015

Übernachtung
4 Riu Palace Tres Islas,
5 Gran Hotel Atlantis
  Bahía Real
11 Ap. Ineika

Essen und Trinken
6 Waikiki & Beach Club
9 Café La Ola

Einkaufen
1 Mercadillo (Baku
  Markt)
3 Mercado Canario

Aktiv
2 Wasserpark Baku
7 Ventura Surf
8 Vulcano Biking
10 Dive Center Corralejo
11 Ineika Funcenter

El Cotillo/
La Oliva

C.C. Las
Palmeras

Las Palmeras

Gran Canaria

Tankstelle

Las Palmeras

C.C.
Cactus

Playas

Sargo

Grandes

Anguila

Av.

La Red

C.C. Plaza

Carabela

Aristides H. M.

Anzuelo

Av. del Carmen

Playa
Galera

6

Playa
Las Clavellinas

7

Apotheke

Avenida
del
Carmen

10

8

Estación de
Guaguas

Playa
Las Clavellinas

Paseo Marítimo

Zentrumsausschnitt: links

C.C.
Atlántico

Levanto

B

Playa
Muelle
Chico

Tankstelle

García Escámez

i

Gral.

Supermarkt

Paseo Marítimo

Paseo Marítimo

10

Isla de Lobos,
Lanzarote

9

11

Paseo Marítimo Bristol

Fußgängerzone

⑫ Isla de Lobos ★ ★ ★ [L1]

Ein tolles Ziel für einen Tagesausflug, und gäbe es nicht die gefährlichen Strömungen, so könnte man glatt hinüberschwimmen – nur zwei Kilometer liegt Lobos von Corralejo entfernt. Das Felseiland sieht aus wie eine geköpfte Pyramide, bietet **Muschelstrände und Lagunen, Salzwiesen und Vulkanöfchen.** Einzige Zeichen von Zivilisation sind ein kleines Naturkundemuseum an der Anlegestelle, ein Leuchtturm auf einer Klippe und ein Fischlokal, das unregelmäßig geöffnet ist.

Entstanden ist die sechs Quadratkilometer große Insel als Folge von Vulkanausbrüchen vor 6000 bis 8000 Jahren. Anfangs mit der Hauptinsel verbunden, wurde sie durch den Anstieg des Meeresspiegels von Fuerteventura getrennt. Ihren Namen „Insel der Seewölfe" erhielt sie von den Konquistadoren, die Jagd auf die hier lebenden **Mönchsrobben** machten und aus ihrem Fell Schuhzeug fertigen ließen. Doch Ende des 16. Jahrhunderts war das letzte Exemplar erlegt. Heute plant man, die Robben durch Wiederansiedlung hier wieder heimisch werden zu lassen.

❯ **Rundtour:** Wanderung s. S. 91
❯ **Anfahrt:** Von Corralejo starten vormittags ab 10 Uhr mehrere Fähren zur Isla de Lobos. Die Fahrt dauert 15–25 Minuten. Nachmittags, z. B. um 16 Uhr, werden die Gäste wieder abgeholt.

☐ *Mit dem Glasbodenboot zur Isla de Lobos – „Insel der Wölfe"*

Fuerteventura – ein UNESCO-Biosphärenreservat

Die Insel ist abwechslungsreicher, als man glauben möchte: Im „alten" Norden hatten Wind und Wasser viele Jahrmillionen Zeit, das Inselprofil zu schleifen und alles Schroffe zu glätten. Dort zeigt sich Fuerteventura in sanften Formen mit Trogtälern und Ebenen, die mit später entstandenen Vulkankegeln gespickt sind. Dagegen verläuft auf der Halbinsel Jandía, dem „jungen" Süden, eine gezackte Gebirgskette, die einem Rückgrat gleicht. Ihr höchster Berg ist der wolkenumspülte „Dornbuschgipfel", der 807 m hohe Pico de la Zarza.

***Unter Naturschutz** stehen die Dünen 11 von Corralejo und der Tindaya 26, der „heilige Berg" der Ureinwohner, der pechschwarze Lavastrom 51 bei Pozo Negro und die senkrecht abfallenden Klippen von Cofete 69 – insgesamt fast 50.000 ha Land. 2009 wurde die gesamte Insel zum „Biosphärenreservat" erklärt. Mit diesem Prädikat werden Landschaften ausgezeichnet, die einzigartig sind und das harmonische Verhältnis zwischen Mensch und Natur spiegeln.*

Vor allem beim Wandern kann man einige der Landschaften intensiv kennenlernen.

*Doch auch **Vogelbeobachtung** ist möglich – zwei Millionen Wandervögel legen auf Fuerte einen Zwischenstopp ein, u. a. Schmutzgeier, Marmelente und Seidenreiher. Man entdeckt die Vögel an den Salinen südlich Caleta de Fustes und an den Wasserstellen im Inselinnern (siehe Los Molinos 27).*

13 El Cotillo ★★★ [I2]

In El Cotillo fühlt sich wohl, wer Ferienresorts vom Reißbrett nicht mag. Zwar ist auch dieses Fischerdorf in den letzten Jahren touristisch expandiert, doch noch immer sind es die Einheimischen, die hier den Ton angeben. Ihre gemütliche Lebensart steckt an und sorgt für südliche Leichtigkeit ...

Und der Ort kann weitere Pluspunkte aufweisen: zwei geschützte, von Fisch- und Szenelokalen gesäumte Hafenbuchten, dazu herrliche Surferstrände im Süden und weiße Badelagunen im Norden. Wer gern unter Leuten ist, findet in El Cotillo eine lebhafte, kontaktfreudige Szene: Surfer und Traveller, alleinerziehende Mütter und Vertreter der „digitalen Boheme".

14 Puerto Antiguo und Puerto Nuevo ★★ [I3]

Der **Alte Hafen** (Puerto Antiguo) ist der stimmungsvolle Mittelpunkt des Orts. Die tief eingeschnittene Bucht ist seitlich von Klippen flankiert, auf denen kleine weiße Häuser thronen. An ihrer Kopfseite liegt ein mit schwarzen Kieseln bedeckter Strand, an dessen Rand eine kleine Promenade verläuft. Hier reihen sich einige Terrassenlokale aneinander. Mittendrin entdeckt man den maritim inspirierten Laden von Clean Ocean Project, der einen Teil des Erlöses aus dem Verkauf von Shorts, Shirts und Flipflops für die Erhaltung der Meere stiftet. Daneben sieht man eine Bronzefigur: Ein Fischer schiebt ein kupferrotes Boot landeinwärts und erinnert so an all die Männer, die vom Alten Hafen aus jahrhundertelang in

See stachen, bevor sie im Neuen Hafen (Puerto Nuevo) ein sichereres Refugium fanden.

Der **Neue Hafen** wurde weiter südlich angelegt und ist durch eine gewaltige Mauer vor der oft starken Brandung geschützt. Über dem Hafen verläuft – zwischen malerischen Ruinen alter Kalköfen – eine Straße mit weiteren Lokalen, die eine schöne Aussicht auf das Meer bieten. Besonders am Abend fasziniert der Blick auf die untergehende Sonne.

⓯ Castillo de El Tostón ★★ [I3]

In Blickweite des Neuen Hafens liegt das über dem Steilufer thronende Castillo. Der gedrungene, zweistöckige **Turm aus schwarzem Lavastein,** der 1743 nach einem Überfall englischer Korsaren entstand, erlaubte es, weite Teile der Westküste zu überwachen. Eindrucksvoll ist die an schweren Eisenketten befestigte **Zugbrücke,** die zum Hauptportal führt. Dahinter, im Hauptraum des Turms, befindet sich die örtliche **Touristeninformation.**

Nach Zahlung einer Eintrittsgebühr darf man in die Pulverkammer hinabsteigen, die für **Kunst- und Kunsthandwerksausstellungen** genutzt wird. Auch die Zisterne ist zu sehen, die es den Turmverteidigern erlaubte, einer längeren Belagerung standzuhalten. Anschließend steigt man auf die mit einer Kanone bestückte Turmplattform, die einen weiten **Rundumblick** bietet.

> Eintritt: 1.50 €

Strände

Mögen die weit geschwungenen Strände südlich des Ortes auch noch so eindrucksvoll aussehen – zum Schwimmen sind sie aufgrund starker Brandung ungeeignet. Angstfrei

EXTRATIPP

Zum Adlerstrand

Eine aussichtsreiche Klippentour: Vom Festungsturm Castillo de El Tostón geht es – hoch über gewaltig anrollenden Wellen – südwärts die niedrige Steilküste entlang. Immer wieder sieht man Surf-Profis, die sich mutig in die Brandung werfen: erst an der Playa del Castillo, dann an der Playa del Aljibe de la Cueva. Auf dem von Steinmauern flankierten Pfad erreicht man nach 1½ Stunden den von Basaltklippen gesäumten „Adlerstrand" (Playa del Águila). Wer Lust hat, kann noch 30 Min. bis zur einsamen Playa del Esquinzo weiterlaufen.

baden kann man an den nördlich gelegenen **Playas de El Cotillo:** Buchten und Lagunen nördlich des Orts mit puderfeinem Sand und türkisfarbenem Wasser. Vor Flugsand schützen aus losen Steinen errichtete „Burgen", für Stärkung sorgen *chiringuitos.* So nennt man auf den Kanaren improvisierte Strandbars, die kühle Getränke und kleine Speisen anbieten. Weitere lagunenartige Buchten erstrecken sich über vier einsame Kilometer bis zum Leuchtturm an Fuerteventuras Nordwestkap. Man erreicht die Strände zu Fuß oder mit dem Auto.

Infos und Reisetipps

> **Oficina de Información Turística El Cotillo** <026> im Castillo de El Tostón, Tel. 609207967, Mo–Fr 9–16 Uhr, Sa/So 9–15 Uhr, im Sommer eine Stunde kürzer
> **Taxi:** Tel. 928866108
> **Bus:** Verbindungen mit Lajares, Corralejo und La Oliva (Linien 7, 8) sowie mit Puerto del Rosario (Linie 7)

Unterkünfte

Die Unterkünfte sind über den ganzen Ort verstreut, hier eine Auswahl von Häusern in erster Küstenlinie:

> **Ap. Cotillo Lagos** €€ <027> Av. de los Lagos s/n, Tel. 928175388, www.cotillolagos. com. Anlage nördlich des Zentrums in herrlicher Lage zwischen Meer und Lagunen. Die 100 Studios und Apartments verteilen sich auf mehrere zweigeschossige, weiße Gebäude. Sie sind 30–40 m² groß, einfach, aber gemütlich eingerichtet und verfügen z. T. über Meerblick. Man kann Frühstück bzw. Halbpension buchen.

> **Ap. Cotillo Sunset** €€–€€€ <028> Av. de los Lagos s/n, www.cotillosunset.com, Tel. 928175065. Die kleine, sandfarbene Ferienanlage bietet 33 Studios mit Marmorbad, Terrasse und gut ausgestatteter Küche. Den schönsten Meerblick haben die Studios Nr. 1–8 im ersten Stock, Nr. 11–18 im Erdgeschoss bieten weniger Intimität, haben aber direkten Zugang zum Strand und sind deshalb ideal für Familien mit Kindern. Preiswerter sind die Studios mit weniger attraktivem Blick auf Pool und Jacuzzi.

> **Ap. Juan Benitez** €€ <029> Calle La Caleta 4–6, www.apartamentos-juanbenitez. com, Tel. 928538503. Zehn geräumige, gut ausgestattete Apartments, z. T. mit Balkon u. Meerblick, auf der Anlage Terrasse mit kleinem Pool. Señor Victoriano, der Besitzer, wohnt im selben Haus.

> **Soul Surfer Hotel** € <030> Calle San Pedro 2, www.soulsurferhotel.com, Tel. 928538598, 18 DZ. Ein deutsch-mexikanisches Gespann, Pilar und Kai, betreibt dieses sympathische Zweisternehotel, das in Sachen Service nichts zu wünschen übrig lässt. Starkes Frühstück und gute Betten, ein Pool und viele Aktiv-Angebote von Surfen bis Tauchen.

Gut gebunkert – die Touristeninfo im Castillo de El Tostón

Schützt vor Wind – Steinburg am Lagunenstrand

Nicht nur für Süßschnäbel – El Goloso de El Cotillo (s. S. 30)

Essen und Trinken

> **Aguayre** €–€€ <031> Calle La Caleta 5, tgl. ab 9.30 Uhr, WLAN. Eine gute Adresse, wenn es mal kein Fisch sein soll. Im Bistro an der Ecke (mit schönem Ausblick auf Hafen und Turm) schlürft man frisch gepresste Säfte (köstlich die Mango-, Erdbeer- und Orangenmischung!), Shakes und Frappuccini. Wer Hunger hat, bestellt die mit Pfiff zubereiteten vegetarischen und mexikanischen Gerichte oder den hausgemachten Kuchen.

> **Azzurro** €€ <032> Carretera al Faro (Los Lagos), Tel. 928175360, Di–So 12.30–16.30, 19–22 Uhr. Im chilligen Lokal an den Lagunenstränden gibt es tolle Fischgerichte, Pizza und Pasta – ein besonders geschicktes Händchen hat Koch Roberto bei der Zubereitung von Soßen. Beim letzten Besuch gefielen mir die Muscheln in Tomaten-Wein-Soße *(mejillones en salsa de tomate y vino)*, Spaghetti mit Meeresschnecken *(alle vergole)*, zarter Seehecht in Zitronen-Basilikum-Soße *(dorada en salsa de limón)* und Riesengarnelen in Brandy *(langostinos al Brandy)*. Als Dessert empfiehlt sich *semifreddo all'Amaretto,* eine Art hausgemachte Eismousse. Dank Diego herrscht stets gute Stimmung, am schönsten ist das Lokal bei Sonnenuntergang. Manchmal mit Livemusik!

> **Casa Rustica** €–€€ <033> Calle de la Constitución 1, Tel. 928538728, tgl. ab 12 Uhr. Keine Meerblickterrasse, trotzdem ein Renner – dank der großzügigen Portionen von Pasta, Fisch und Fleisch und auch dank des günstigen Mittagsmenüs.

> **El Goloso de El Cotillo** € <034> Calle Pedro Cabrera Saavedra 1, Tel. 928538668, während der Siesta und sonntags geschlossen. In alternativ-rustikalem Ambiente gibt es hausgemachte Brot- und Backwaren, Törtchen und Kuchen, dazu belegte Brötchen und Baguettes sowie Frühstücksgedecke. Ein

EXTRATIPP

Clean Ocean Project

„Gegen die Verschmutzung des Meeres" lautet die Losung: Der Erlös aus dem Verkauf lässiger Strandmode im maritim gestylten Shop kommt Öko-Aktionen zugute.

> Muelle de los Pescadores s/n, www.cleanoceanproject.org, So geschl.

Muss für Süßmäuler (span. *goloso*): *tres chocolates,* ein Dessert aus drei Lagen feiner belgischer Schokolade.

> **El Mirador** €€ <035> Calle Muelle de los Pescadores 19, Tel. 928538838, tgl. 12–23 Uhr. Auf der Terrasse am alten Hafen sitzt man wirklich schön. Ist es windig, nimmt man im rustikalen Innenraum Platz, wo man die Köche in der offenen Küche werkeln sieht. Für das nette Ambiente und die guten Fischgerichte zahlen Gäste gern etwas mehr.

> **El Roque de los Pescadores** €€ <036> Calle La Caleta 2, Tel. 928538713, tgl. ab 11 Uhr. Hübsche Terrasse mit Blick auf den neuen Hafen und das Castillo. Drinnen sitzt man vor einem großen Wandbild, auf dem sich Haie und Wale tummeln, dazu passt die Küche mit viel Fisch und Meeresfrüchten.

> **Terraza Playa** € <037> Calle Requena 5, Tel. 928538520, Fr geschl. Man sitzt auf der alten Mole am Meer und schaut zu, wie sich wenige Meter entfernt gewaltige Wellen brechen. Im Angebot ist alles, was das Meer hergibt, darunter Napfschnecken und Muscheln, Kalmar und frischer Fisch. Eines der wenigen Lokale, in denen es auch ein preiswertes *menú del día* gibt.

▷ *Dem Leuchtturmensemble Faro de Tostón ist eine herrlich wilde Küste vorgelagert*

⑯ Faro de Tostón ★★★ [I2]

Durch eine wüst-einsame Landschaft gelangt man nach 4 km in nördlicher Richtung zu einem markanten Leuchtturm. Nachdem er fast 100 Jahre in Betrieb war (ab 1891), wurde er durch einen weiß-roten, mehr als doppelt so hohen und voll automatisierten „Bruder" ersetzt. Heute dient der alte Leuchtturm als **Fischereimuseum**, in dem traditionelle Fangmethoden vorgestellt werden. Von seiner **Aussichtsplattform** schaut man über das Meer bis Lanzarote. Anschließend kann man auf einem Naturlehrpfad das wilde Kap erkunden.

> **Museo de la Pesca** <038> Faro de Tostón, Di–Sa 10–18 Uhr, Eintritt 3 €. Lassen Sie sich die deutschsprachige Broschüre aushändigen!

014fu Abb.: gs

⑰ Majanicho ★ [J2]

Vom Faro de Tostón am Nordwestkap bis nach Corralejo ❼ führt eine ca. 18 km lange Holperpiste: eine **herrlich wilde Offroad-Tour** vorbei an Lagunen und improvisierten Weilern – ideal für Radler und Wanderer. Die ganze Zeit schaut man über die Fluten hinweg auf die Nachbarinsel Lanzarote. Unterwegs zeigen zerbröckelnde Mauern an, dass hier einmal Landwirtschaft betrieben wurde – ein mühsames Geschäft in der sandverwehten Vulkanwüste. Die geografischen Bezeichnungen verraten, wie die Bewohner den Landstrich wahrnehmen: „Fegefeuer" (purgatorio) nannten sie die weite Ebene, die sich von der Küste über das **Malpaís** de Bayuyo bis zu den verwitterten Vulkanen Las Calderas erstreckt.

Auf halber Strecke nach Corralejo liegt in einer geschützten Bucht der **Weiler Majanicho**. Seine „wil-

den Tage" sind freilich gezählt, denn mit dem 2014 entstandenen **Ferienclub Origomare** begann die touristische Erschließung des Naturschutzgebiets: Mehrere „Oasen" gruppieren sich um eine „Craterpark" genannte Wasserlandschaft. Aktivitäten von Minigolf über Tennis bis zu Radverleih sprechen v. a. Familien an (www.origomarefuerteventura.com, Tel. 928456002). Wer will, kann hier die Küstentour abbrechen und über Lajares ⑱ (Bus 8) nach Corralejo zurückkehren.

KURZ & KNAPP

Malpaís

„Malpaís" heißt „schlechtes Land", was bedeutet, dass in der schollenartig erkalteten Lava Landwirtschaft kaum möglich ist.

⓲ Lajares ★ [J3]

Von El Cotillo aus liegt der kleine Ort 10 km landeinwärts. Die Küstenferne wird durch **szeniges Ambiente** wettgemacht. Längs der Durchgangsstraße reihen sich nette Lokale, frühere Surfweltmeister betreiben Schulen. Kanarische Traditionen werden von den Frauen des Dorfes wachgehalten. Sie betreiben im Ortszentrum ein großes **Kunsthandwerkszentrum,** bieten u.a. luftige Hohlsaumstickereien und gewebte Stoffe, Aloe-Vera-Produkte, Honig und Ziegenkäse. Für historisches Kolorit sorgen zwei alte, restaurierte **Mühlen** im Verbund mit einer Ermita (Dorfkapelle) an der alten Straße Richtung La Oliva.

Essen und Trinken

Kaum einer lässt es sich nehmen, im **Canela** einen Zwischenstopp einzulegen. Oft wird daraus mehr, denn verlockend sind die exotischen Tagesgerichte und selten lassen sich Bekanntschaften an der langen Bar so leicht knüpfen wie hier. Abends gibt es oft Livemusik. Wem der Sinn eher nach Handfestem steht, geht ein paar Schritte weiter ins **Cancela,** wo Señora Marisol in urigem Ambiente Riesen-Pizzas serviert – mehr als zwei Dutzend stehen zur Wahl!

❱ Canela € <039> Calle Coronel González del Hierro 30, Tel. 928861712, ab 8 Uhr

❱ La Cancela € <040> Calle Central 2, Tel. 928868568, Mi–Mo ab 17 Uhr

⓳ La Oliva ★★ [J4]

Verschlafen liegt La Oliva in der kargen Vulkanlandschaft des Malpaís de la Arena – man möchte kaum glauben, dass von hier touristische Goldgruben verwaltet werden. Schon immer war der Ort etwas Besonderes:

In prähispanischer Zeit war er Hauptsitz des Königreichs Maxorata, nach der Conquista Standort der Militärgouverneure und 1835–1860 Fuerteventuras Hauptstadt. Seiner Vorrangstellung verdankt La Oliva einige eindrucksvolle Gebäude, die sich im Rahmen eines zwei- bis dreistündigen Stopps erkunden lassen. Wer gut essen (oder übernachten) will, fährt ins benachbarte Villaverde – im Gemeindeort La Oliva gibt es kein einziges gutes Restaurant.

⓴ Iglesia de Nuestra Señora de Candelaria ★ [J4]

Auf dem palmengesäumten Kirchplatz steht die Kirche Unserer lieben Frau Lichtmess. Außen bilden der schwarze Turm und die weiße Fassade einen reizvollen Kontrast. Innen gefallen die von **offenen Mudejar-Dachstühlen** überspannten Schiffe. Kurios ist die Darstellung des Jüngsten Gerichts an der linken Langhauswand: Die Sünder werden von Flammen verzehrt, derweil Gott gelassen zuschaut.

❱ Calle Juan Cabrera Méndez s/n, Mo–Sa vormittags für Besichtigungen meist geöffnet

㉑ Casa del Capellán ★ [J4]

Das Pfarrhaus liegt auf halbem Weg zwischen Kirche und der Militärresidenz Casa de los Coroneles und leistete sich ein **Portal mit aufwendigen Steinmetzarbeiten.** Die floralen Ornamente erinnern an Motive der Maya- und Aztekenkunst.

❱ Calle Juan Cabrera Méndez s/n

▷ *Das „Haus der Obristen"* ㉒ *lohnt auch innen einen Blick*

㉒ Casa de los Coroneles ★ ★ ★ [J4]

Etwas abseits, am Fuße eines pyramidenförmigen Bergs, steht das markante „Haus der Obristen". Als Stellvertreter des Inselherrschers (1708–1859) repräsentierten die Militärs höchste Macht, was in der **Monumentalität** des Baus klar zum Ausdruck kommt. 1994 erwarb die kanarische Regierung das inzwischen zum „Historischen Kulturgut" erklärte Gebäude, zwölf Jahre später wurde es nach langer Restaurierung von niemand Geringerem als König Juan Carlos neu eröffnet.

Vier lange Fassaden im Quadrat, mit Holzbalkonen und zinnenbewehrten Ecktürmen verziert, umschließen einen schattigen Palmenhof. Von diesem gehen mehrere Räume ab, die für wechselnde, oft provokante **Kunstausstellungen** genutzt werden. Auch wenn man kein Faible für Kunst hat, könnte man am Interieur mit Holzgalerie, schönen Böden, Türen und Fenstern Gefallen finden.

❯ Calle Juan Cabrera Méndez s/n,
 Di–So 10–18 Uhr, Eintritt 3 €

EXTRAINFO

Ruta de los Coroneles
Dienstags und donnerstags von 10 bis 14 Uhr können zum Preis von 6 € alle historischen Gebäude von La Oliva besichtigt werden: Casa de los Coroneles und Casa Mané, das Museo del Grano und die Pfarrkirche. In der Casa del Coronel anno 1840 findet zugleich der „Markt der Traditionen" mit Kunsthandwerk und Kulinaria statt.

㉓ Casa Mané ★ ★ [J4]

Einen Steinwurf entfernt lässt sich ein ganz anderes Anwesen bestaunen: Der Kunstsammler Mané alias Manuel Delgado Camino hat über viele Jahre **Werke kanarischer Künstler** gesammelt, die seine Tochter nun **in unterirdischen Sälen** ausstellt. Darunter sind Bilder von dem in La Oliva geborenen Surrealisten Juan Ismael, von Pepe Dámaso, Miró Mainou und Alberto Manrique.

Ein Gang durch den großen, mit Kakteen, Agaven und Palmen be-

015fu Abb.: gs

pflanzten **Garten** macht ebenfalls Spaß. Er steht voller Skulpturen. Einige von ihnen „erzählen" Inselsagen, so die vom Riesen Mahón, dargestellt in zwei großen Mobiles. Als Ziegenhirt schreitet er durchs Land, lässt den Wind durch seine Finger wehen und befruchtet die Welt.

> **Centro de Arte Canario,** Calle Salvador Manrique de Lara, Tel. 928868233, Mo–Fr 10–17 Uhr, Sa 10–14 Uhr, Eintritt 4 €

㉔ Museo del Grano ★ [J4]

In der Casa de la Cilla, dem ehemaligen Zehnthaus (1819), ein Haus zur Abgabe der Steuer in Form von Naturalien, ist ein **Getreidemuseum** untergebracht, das aber vorerst nur dienstags und donnerstags im Rahmen der „Ruta de los Coroneles" (s. S. 33) geöffnet ist.

> Calle La Orilla s/n

Infos und Reisetipps

> **Rathaus und Polizei:** Ayuntamiento, Calle Emilio Castellot 2, Tel. 928861904, www.laoliva.es
> **Bus:** Verbindungen mit El Cotillo, Lajares und Corralejo (Linien 7, 8) sowie mit Puerto del Rosario (Linie 7)
> **Taxi:** Tel. 928868073

Villaverde [K3]

Verwegen nennt sich Villaverde „grünes Städtchen": Doch weder ist es grün noch urban. Immerhin gibt es an der Durchgangsstraße ein paar gute **Ausflugslokale** – und mit der **Vulkanhöhle Cueva del Llano** ㉕ eine **Naturattraktion ersten Ranges.**

> *Abstieg in die Unterwelt – die Cueva del Llano*

Unterkünfte

> **Hotel Rural Mahoh** €€ <041> Ctra. FV-101, km 2,8, Tel. 928868050, www.mahoh.com. In diesem Haus soll nach dem Willen seines Begründers, des Musikers und ökologischen Vorkämpfers Tinín Martínez, alles einen authentischen Bezug zur Insel haben: von der traditionellen Architektur über das Mobiliar bis zum Essen im Restaurant. Der Bauernhof aus massiven Natursteinmauern wurde in ein kleines Hotel verwandelt, die neun Zimmer sind mit Stilmöbeln rustikal eingerichtet. Auf der Karte des Restaurants (Mi geschl.) stehen kanarische Gerichte, von der Terrasse blickt man auf einen Lavagarten. Nachteil: Das Haus liegt nahe der Hauptstraße.

> **Oasis Rural** €€€ <042> Ctra. FV-101, km 2,4, www.oasiscasavieja.com, Tel. 928535259. Landhotel in einem historischen Anwesen an der Straße nach La Oliva mit zehn vorwiegend kleinen Zimmern in der unteren Etage. Der Gartenpool ist im Winter beheizt, Radverleih ist möglich. Im Umkreis des Hotels stehen zudem elf 90 m² große Ferienhäuser (Villas Oasis Rural). Die zweietagigen Anwesen haben Marmorboden sowie einen offenen Dachstuhl aus Holz und bieten 2–6 Personen Platz. Zu jeder Villa gehört ein eigener kleiner Pool. Bar und Restaurant des Hotels können mitbenutzt werden.

Essen und Trinken

> **Casa Marcos** €€ <043> Ctra. FV-101, km 4,6, Tel. 928868285, tgl. außer So 12.30–23 Uhr. Am Nordausgang von Villaverde isst man im rustikalen Ambiente eines Bauernhauses kanarisch inspirierte Tapas, die auf einer Tafel angeschrieben werden, z. B. Lamm und Ziegenfleisch, Carpaccio und Klößchen aus Thunfisch. Marcos Gutiérrez sorgt dafür, dass alles appetitlich arrangiert ist. Trotz hoher Preise viele Besucher, abends gibt es oft

㉕ Cueva del Llano – vulkanische Unterwelt ★★★ [K3]

Dieses besondere Erlebnis erwartet Besucher am nördlichen Ortsausgang von Villaverde. Ausgerüstet mit Helm und Stirnlampe steigt man durch einen „jameo", ein Einsturzloch in der Tunneldecke, in die Unterwelt hinab. Auf Englisch (seltener auf Deutsch) erklärt der Führer die vulkanische Entstehung Fuerteventuras. Der hiesige **Tunnel**, so hört man, entstand bei einem Vulkanausbruch vor ca. 880.000 Jahren: Die obere Schicht des Magmastroms kühlte an der Luft ab, darunter zog der heiße Feuerfluss weiter. Als der Vulkanausbruch endete, floss das Magma ab und zurück blieb ein leerer Stollen.

Vorerst sind 300 Meter Düsternis für die Besichtigungstour freigegeben. Der Führer weist auf **Fossilien** von Tieren und Pflanzen hin, die hier früher gelebt haben. Heutige Lebewesen sind so scheu, dass man sie nur mit großem Glück zu Gesicht bekommt, z. B. den

Maiorerus randoi, ein endemisches spinnenartiges Insekt. Weil es sein Augenlicht in der ewigen Dunkelheit verloren hat, „sieht" es mit seinen langen Beinen und Fühlern. Wenn man nach gut 30 Min. wieder das Licht des Tages erblickt, kann man im Besucherzentrum weitere interessante Details zum Vulkanismus kennenlernen.

› **Centro de Interpretación de la Cueva del Llano,** Ctra. FV-101, km 5,8, Villaverde, Di–Sa 10–18 Uhr, die letzte Führung startet um 17.15 Uhr, Eintritt 5 €, **Achtung:** wegen Personalmangels saisonweise geschlossen

› **Anfahrt:** Von der FV-101 Corralejo - La Oliva biegt man bei km 5,8 in ein Asphaltsträßchen Richtung „Cueva del Llano" ab. Auch Buslinie 7 und 8 passieren den Abzweig, bitte dem Fahrer den Aussteigewunsch mitteilen.

016fu Abb.: gs

O18fu Abb.: gs

Livemusik. Im Laden können Ziegenkäse, Delikatessen und Wein gekauft werden.

> **El Horno** €€ <044> Ctra. FV-101, km 4,7, Tel. 928868671, tgl. außer Mo ab 12.30 Uhr. Beliebtes rustikales Lokal am nördlichen Ortseingang (Haus 91). Von der Decke baumeln Farne, an den Wänden hängen historische Fuerte-Fotos. Spezialität des Hauses ist Deftiges wie Spanferkel *(cochinillo)* und Zicklein aus dem Ofen *(cabrito al horno).* Wer weniger Hunger hat, wird mit dem gemischten Vorspeisenteller für zwei Personen gut satt *(plato mixto de picoteo).*

🔴26 Tindaya ⭐   [I4]

An diesem Streudorf führe man achtlos vorbei, wäre da nicht der über ihm thronende gleichnamige **Pyramidenberg.** Nur 397 m ist er hoch und sorgt(e) doch für Furore: Den Ureinwohnern galt er als heilig (Exkurs s. S. 37) und Spaniens Top-Bildhauer Chillida war von ihm derart angetan, dass er ihn – zum Leidwesen von Archäologen und Ökologen – aushöhlen und in ein „Monument der Leere"

verwandeln wollte. In der **Casa Alta,** einem Anwesen aus dem 19. Jh., werden die Baupläne vorgestellt (**Centro de Interpretación Montaña Alta, Eröffnung voraussichtlich 2015**).

Wer das **Gipfelplateau erklimmen** will (kurz, aber steil, hin und zurück 2 Std.), benötigt die schriftliche Genehmigung der Umweltbehörde in Puerto del Rosario:

> **Autorización para acceder a la Montaña Tindaya,** Medio Ambiente, Calle Lucha Canaria 112/Ecke Av. Juan de Béthencourt (2 km stadtauswärts Richtung Nordwest), Tel. 928852106, Puerto del Rosario, Mo–Fr 8–14 Uhr. Die Genehmigung wird nur für ein enges Zeitfenster gewährt!

Am Osthang wurde ein schlichtes **Denkmal für den Regimekritiker Miguel de Unamuno** (s. S. 14) errichtet, das schon von der Straße aus sichtbar ist: ein Werk des kana-

⌂ *Bananen stehen im Garten des Hotels Oasis Rural (s. S. 34)*

rischen Bildhauers Juan Borges Linares, 1980 eingeweiht.

Alternativ zum Gipfelaufstieg bietet sich ein **Trip zum Strand** an: Fährt man vom örtlichen, weithin sichtbaren Trafo-Haus links hoch und hält sich an der folgenden Straße rechts, kommt man nach 8 km zur **Playa de Jarugo**. Zwar ist der breite Dünenstrand zum Baden zu gefährlich, doch die Aussicht auf die wellenumpeitschten Kliffs ist toll!

Tefía [I5]

Das Dorf an der FV-207 würde man links liegen lassen, stünde nicht an der Straße eine schöne **Windmühle.** Ein zweites restauriertes Prachtexemplar entdeckt man an der Nebenstraße FV-221 Richtung Los Molinos. Das **Highlight des Orts** ist das **Ecomuseo**, das vom „Bauernleben anno dazumal" erzählt und zu einer Zeitreise einlädt (s. Exkurs Seite 38).

27 Los Molinos ★★ [H5]

Vom südlichen Ortsausgang Tefías zweigt die Straße FV-221 zur Westküste ab. Bei km 6, hinter Las Parcelas, lohnt ein erster Halt. Am Parkplatz startet ein Wanderweg, der oberhalb eines Vogelrefugiums zu einem Aussichtspunkt führt. Auf der Straße erreicht man nach weiteren 4 km einen **Weiler mit legendärem Fischlokal** (Casa Pon €, tgl. 10–18 Uhr).

Eine Steinpyramide markiert den Einstieg zu einem Pflasterweg, der nach 50 m zu einem **Klippen-Mirador** führt – der Blick von dort auf die brandungsumtoste Küste ist herrlich!

▷ *Abstrahierter Fußabdruck – das Logo von Fuertes Kunsthandwerkern*

Afrikanische Zeichen – die erste kanarische Schrift

Ein archaisches Bild, das Logo eines abstrahierten Fußabdrucks, symbolisiert die Verbundenheit der hiesigen Kunsthandwerker („artesanos") mit altkanarischer Tradition. Dutzende dieser **prähispanischen Fußsilhouetten** *sind ins Gipfelgestein des Tindaya, des heiligen Berges der Ureinwohner, geritzt. Vermutlich hängt das Fußsymbol mit dem Namen der Ureinwohner zusammen. Denn sie nannten sich „Mahohs", was so viel bedeutet wie „diejenigen, die über die Erde laufen". Im übertragenen Sinn ist damit die Inbesitznahme der Insel gemeint, nach dem Motto: „Ich laufe über die Insel, also ist sie mein."*

Neben den Fußabdrücken wurden 3000 weitere Zeichen entdeckt, die eine verblüffende Ähnlichkeit mit Funden in Nordafrika aufweisen. Sie werden der berberisch-libyschen Schrift zugeordnet, die teils aus Buchstaben, teils aus Symbolen besteht. Auf dem Schwarzen Kontinent fast vergessen, ist sie heute nur noch bei den Tuareg in Gebrauch.

019fu Abb.: gs

28 Ecomuseo de la Alcogida ★★★ [I6]

Als der Tourismus auf den Kanaren Einzug hielt, zogen die meisten Bewohner aus Tefía fort, da sich das Geld an der Küste leichter verdienen ließ. Die Häuser ihrer Vorfahren verfielen, Gärten und Felder lagen brach. Am Ende des 20. Jahrhunderts zog die Inselregierung die Notbremse und kaufte mit EU-Geld das „Geisterdorf" auf, restaurierte es und hauchte ihm Leben ein: Tefía ist heute ein **weitläufiges Freilichtmuseum.** *Besucher können die ursprünglichen Natursteinhäuser von außen und innen betrachten und eine Menge über den früheren bäuerlichen Alltag erfahren.*

Alle Häuser des Dorfes sind aus lose aufeinandergeschichteten Steinen **in U-Form errichtet** *(ohne Mörtel), so dass sie einen kleinen Innenhof umschließen. Mal sind sie weiß gekalkt, mal tritt der rohe Vulkanstein zutage. Oft verfügen die Anwesen über einen Open-air-Backofen und einen kleinen Garten. In fast jedem Haus sitzen Frauen und Männer, die töpfern, sticken oder weben, schreinern und*
schnitzen. *Auch wird auf traditionelle Art Brot gebacken und Gofio geknetet, das gemahlene Getreide hierzu kommt aus der Dorfmühle. Im Gehege stehen Schafe und Ziegen, aus deren Milch Käse geschöpft wird. Esel, Schweine und Kamele haben eher dekorativen Charakter. Alle tun so, als seien die Uhren zurückgedreht, als ginge das bäuerliche Leben seinen Gang wie vor 100 Jahren.*

Im Empfangshäuschen („recepción") mit Café und Kunsthandwerksladen erhält man einen Plan und auch eine deutschsprachige Broschüre. Alsdann geht man von einem Anwesen zum nächsten und macht sich über den Alltag der Bewohner anno dazumal kundig.

> *Ecomuseo de la Alcogida, Tefía,*
> *Tel. 928175434, Di–Sa 10–18 Uhr,*
> *Eintritt 5 €, Kinder bis 12 Jahre frei*
> *Anfahrt: Tefía liegt an der FV-207, auf halber Strecke zwischen La Oliva und Betancuria, und ist von Puerto del Rosario und Betancuria dreimal tgl. mit Bus 2 erreichbar.*

017fu Abb.: gs

Zentrales Bergland

So weit das Auge reicht, sieht man in dieser Region sanft gerundete Basaltberge, die durch karge Täler voneinander getrennt sind. In den letzten 500 Jahren hat sich hier nur wenig verändert. Im Landesinnern gibt es kaum Dörfer, die Küsten sind rau und wild.

Immerhin gibt es heutzutage zwei gut ausgebaute Straßen, die zu beiden Seiten des Hauptmassivs verlaufen. Entlang der Westflanke geht es, von Norden kommend, über Betancuria nach Pájara, entlang der Ostflanke nach Antigua und Tuineje. In all diesen Orten kann man übernachten – und gute Ausflugslokale sind auch zu entdecken.

㉙ Betancuria ★★★　　　[H7]

Kaum vorstellbar, dass der beschauliche, nur 300 Einwohner zählende Ort einst **Fuerteventuras erste Hauptstadt** war. 1404 wurde sie vom Eroberer Jean de Béthencourt in einem fruchtbaren, windgeschützten Tal gegründet und erhielt zugleich seinen Namen. Die Lage war klug gewählt: Gen Süden und Westen war das Tal durch Berge geschützt, einen Zugang gab es nur an der Felsenge von Mal Paso. Und vom Aussichtsberg Morro Velosa hatte man den Norden und Osten im Blick – erst 1593 gelang es einem Korsaren (Morato Arráez), mit seinen brandschatzenden Truppen nach Betancuria vorzudringen.

In den letzten Jahren wurde der **historische Ortskern** mit Kirche und

Herrenhäusern herausgeputzt, sodass Tagesausflügler gern einen Zwischenstopp einlegen. Ein kleines Hotel öffnet mitten im Ort, bald wird es am nördlichen Ortsausgang ein zweites geben.

Durch den Gemeindeort verläuft die FV-30 mit mehreren Läden und Lokalen. Reizvoller sind jedoch die seitwärts abzweigenden Pflastergassen, die den Talgrund queren, um an der gegenüberliegenden Flanke aufzusteigen. Für Farbtupfer und ländliches Flair sorgen Palmen und Feigenbäume, die aus ummauerten Gärten hervorschauen. Betancuria bietet ein **Bild architektonischer Geschlossenheit**, dem es das Prädikat „**Schönster Ort der Insel**" verdankt. Man besucht den Ort am besten morgens oder am späten Nachmittag – zur Mittagszeit setzen ihm die Ausflugsbusse arg zu.

㉚ Iglesia de Santa María ★★★　　　[H7]

Blickfang des Orts ist die gotische Kirche, die der Papst 1424 zur Kathedrale erhob. Als **Wehrkirche**, die bei Angriffen den Bewohnern Schutz bieten sollte, erhielt sie im 17. Jh. meterdicke Mauern und lukenartige, hoch angesetzte Fenster. Ihr Glockenturm diente als Piratenausguck.

◁ *Schöner wohnen anno dazumal – im Museumsdorf La Alcogida*

020fu Abb.: gs

Der weite **Innenraum** der Kirche hat drei durch Rundbögen getrennte Schiffe, darüber eine trogartige Holzdecke im Mudejar-Stil (arabischer Stil) und einen vor Gold strotzenden Barockaltar. Mittendrin schwebt auf einer Mondsichel die Figur der Schutzpatronin. Bilder feiern die Segnungen der christlichen Zivilisation. Ein Bild in der linken Sakristei zeigt Jesus alias Jean de Béthencourt, der übers Meer kommt, um die Heiden zu missionieren. Wer nicht hören will, muss fühlen: Das „Jüngste Gericht" an der linken Langhauswand zeigt die Hölle, dargestellt als Maul eines die Sünder zermalmenden Monsters, darüber das Fegefeuer, in dem sie zuvor schmorten. In den Wolken schwebt Erzengel Michael, der die guten und schlechten Taten der Menschen wiegt.

❭ Plaza Santa María, tgl. außer So 10–16 Uhr, Eintritt 1,50 €, freier Zugang während des Gottesdienstes Sa 17 Uhr

㉛ Casa de Santa María ★ ★ ★ **[H7]**

Gegenüber der Kirche wurde ein großes Herrenhaus von 1600 restauriert und in ein **Museum** verwandelt. Eine **3-D-Multivisionsshow** vermittelt ein lebendiges Bild der Insel und behandelt Natur, Geschichte und Kultur sowie Feste und Traditionen.

Anschließend spaziert man durch den lauschigen Garten und schaut Frauen und Männern beim Töpfern und Flechten, Sticken und Weben zu. Eine Sammlung landwirtschaftlicher Geräte illustriert den harten Alltag auf dem Feld, in der benachbarten Galerie wird zeitgenössische kanarische Kunst ausgestellt.

❭ Plaza Santa María s/n, www.casasanta maria.net, tgl. außer So 10–15.30 Uhr, Eintritt 6 €, Kinder bis 10 Jahre die Hälfte

⌂ Wuchtig und weiß –
die Iglesia de Santa María

❸❷ Museo Arqueológico ★ [H7]

In einem kanonenflankierten Haus an der FV-30 werden **Funde aus prähispanischer Zeit** ausgestellt. Aus Sandstein gemeißelte Fruchtbarkeitsidole zeigen den weiblichen Idealkörper jener Zeit: Becken und Brust sind stark betont, Kopf und Gliedmaßen dagegen verkümmert. Zu sehen sind ferner ein Relieffries und ein fast komplett erhaltenes Grab.

Ein **Modell** veranschaulicht eine Siedlung mit *casas hondas,* halb in den Boden versenkte „tiefe Häuser", die die Menschen einst vor Wind und Wetter schützten. Fotos von Felsinschriften belegen die Ähnlichkeit zwischen der Mahoh- und der Berberschrift.

❯ Calle Roberto Roldán 12,
  Di–Sa 10–18 Uhr, Eintritt 2 €

❸❸ Museo de Arte Sacro ★ [H7]

Die ehemalige Residenz des hohen Klerus (z. Zt. wegen Restaurierung geschlossen) wird in ein **Museum sakraler Kunst** verwandelt. Bis es so weit ist, sind die Objekte in der Kirche ausgestellt: flämische Heiligenfiguren, Gemälde und das dem Inselherrn vom König 1454 verliehene Banner der Conquista.

❯ Calle Carmelo Silvera s/n.

❸❹ Convento de San Buenaventura ★★ [H7]

Am nördlichen Ortsausgang zweigt rechts eine Piste ab, die an einem Parkplatz endet. Von hier sind es nur ein paar Schritte zu den **Ruinen des Buenaventura-Klosters,** ein Ort voll Zauber und Melancholie. Nach seiner Auflösung im 19. Jahrhundert blieben nur die Grundmauern erhalten, sodass der Wind durch offene Decken, Fenster und Portale pfeift. Pflanzen sprießen, wo einst Messen gelesen

△ *Romantische Ruinen –*
Blick von der Ermita de San Diego ❸❺
auf das Kloster ❸❹

EXTRATIPP

Degollada del Marrubio

In Betancuria starten **schöne Wandertouren:** Von der Bar Valtarajal geht man auf der FV-30 ein paar Schritte südwärts und biegt links in einen steingepflasterten Weg ein, der an einem Wasserschöpfrad vorbei auf ein Sträßchen stößt. Nach links (weiß-rot markiert) führt es aus dem Ort heraus und geht in einen Weg über, der zum Aussichtssattel Degollada del Marrubio führt (45 Min.). Wer Lust hat, läuft von hier auf markierten Wegen nordwärts zum Mirador Morro Velosa (weitere 45 Min.) bzw. ostwärts nach Antigua (weitere 1 ¼ Std.).

wurden, der Altar ist ein verwaister Stein. Der Grundstein zum Kloster wurde 1416 von sieben Missionaren gelegt, die vom Papst entsandt worden waren, um die „wilden" Ureinwohner zu bekehren.

❯ Calle San Diego de Alcalá s/n

㉟ Ermita de San Diego ★ [H7]

Besser erhalten blieb die im 17. Jh. erbaute **Kapelle**, die nur durch ein das Bachbett überspannendes Brücklein vom Convento getrennt ist. Sie ist San Diego de Alcalá geweiht, einem von 1445 bis 1449 hier wirkenden Franziskanermönch, der später für seine Missionierungsverdienste und die Befreiung der „Felsjungfrau" heiliggesprochen wurde.

❯ Calle San Diego de Alcalá s/n

Infos und Reisetipps

❯ **Im Internet:** www.aytobetancuria.org (spanisch)
❯ **Bus:** Verbindungen mit Puerto del Rosario und Vega de Río Palmas (Linie 2)
❯ **Taxi:** Tel. 928878094

Unterkünfte

❯ **Princess Arminda** €€ ‹045› Calle Juan de Béthencourt 2, Tel. 928878979 und 638802780, www.princessarminda. com. Fünf Zimmer mit Antiquitäten in einem schönen Haus aus dem 17. Jh.

EXTRATIPP

Kostbares aus Ziegenmilch

Biegt man gegenüber des Convento de San Buenaventura von der FV-30 ab, passiert man zwei Käsereien, in denen nach jahrhundertealter Tradition Ziegenkäse hergestellt wird. Vor dem Kauf kann probiert werden! Auch Ziegenmilchlikör und -seife werden angeboten.

❯ **Granja La Villa** und **Granja Las Alcaravaneras** ‹048› Llano de Santa Catalina s/n, Mobil 649346729 bzw. 649742132, tgl. 10 – 19 Uhr

Nachts hört man nichts als den Wind, morgens wird man von den Glocken der Kirche geweckt. Besonders schön ist der lauschige Innenhof mit Tapas-Lokal (s. u.), etwas versteckt liegt der Garten mit Pool. Für die Gäste steht ein Aufenthaltsraum bereit, es gibt freies Internet und Radverleih. Übrigens: Benannt ist das Haus nach einer altkanarischen Prinzessin, die sich den Eroberern widersetzte und den Tod einem Leben in Knechtschaft vorzog.

Essen und Trinken

❯ **Princess Arminda** € ‹046› Calle Juan de Béthencourt 2, www.princessarminda. com, meist 12 – 17 Uhr. Das Tapas-Lokal mit hübschem Innenhof liegt oberhalb der Kathedrale. Serviert werden Suppen und Salate, Käse und Schinken, Ziegenfleisch, Gambas und Calamares.
❯ **Restaurante Santa María** €€€ ‹047› Plaza Santa María s/n, Tel. 928878282, www. casasantamaria.net, tgl. 11 – 16 Uhr, abends nur nach Reservierung. Gehobene Küche im Museumsdorf. Die Innen-

02zfu Abb.: gs

◁ *Ein idyllischer Flecken –
der Innenhof des Princess Arminda*

räume sind nobel-rustikal eingerichtet, auf der Gartenterrasse sitzt man zwischen blühenden Sträuchern.

> **Valtarajal** €–€€ <049> Calle Roberto Roldán s/n, Tel. 928878272, So–Fr 9–17 Uhr. Lokal an der Durchgangsstraße unter deutscher Leitung, guter Gofio-Kuchen!

Einkaufen

> **Aloe Vera Fresca** <050> Calle General Moscardó 23, www.aloeveraonlineshop.com/de, tgl. 10–17 Uhr. Der Laden an der Durchgangsstraße bietet Heilmittel und Kosmetika, gewonnen aus der „Wunderpflanze" Aloe Vera.

> **Centro Insular de Artesanía** <051> Roberto Roldán 11, www.artesaniaymuseosdefuerteventura.org, Di–Sa 10–18 Uhr. In einem schönen alten Haus neben dem Stadtmuseum hat die Inselregierung ein Zentrum für Kunsthandwerk eröffnet. Darin werden Körbe und Hüte aus Palmwedeln geflochten. Auf alten Webstühlen entstehen bunte Flickenteppiche.

> **Tienda Santa María** <052> Plaza Santa María s/n, tgl. 10–17 Uhr. Im wohl besten Souvenirladen der Insel werden archaische Tonwaren und kunstvolle Stickereien verkauft, außerdem kleine Aquarelle mit Inselmotiven und witzig bemalte Kacheln, aus Palmwedeln geflochtene Körbe, Sonnenuhren und vieles mehr. Auch das Kulinarische kommt nicht zu kurz …

㊱ Mirador Morro Velosa ★★★ [H7]

5 km nördlich von Betancuria kommt man zuerst am Mirador Morro de la Cruz vorbei: Zwei riesige Bronzefiguren zeigen Guize und Ayose, die beiden letzten Herrscher der Ureinwohner. Beide kapitulierten 1405, wurden (zwangs-)getauft und hießen fortan Luis und Alfonso.

Zu einem weiteren, noch schöneren **Aussichtspunkt** gelangt man 300 Meter weiter Richtung Norden: Eine Straße zweigt zum Mirador Morro Velosa ab, einem herrschaftlichen Anwesen mit kleinem **Naturkundemuseum** und **fantastischem Fernblick** über die Inselnordhälfte bis Lanzarote.

> Ctra. FV-30, km 12,2, Di–Sa 10–18 Uhr, leider oft geschlossen

㊲ Vega de Río Palmas ★★ [H8]

Übersetzt heißt der Ort „Aue des Palmenflusses". Nach winterlichem Regen verwandelt sich sein Barranco in einen Fluss, der einen Stausee speist und vielen Pflanzen das Überleben sichert. Hübsch ist die örtliche Plaza mit der **Iglesia de Nuestra Señora de la Peña**, einer Wallfahrtskirche, in deren Hauptaltar eine aus Alabaster geschnitzte, „wundertätige" Marienfigur steht (geöffnet Di–So 11–13 und 17–19 Uhr). Laut Legende hörte 1445 ein Mönch Musik im Fels. Er schlug mit der Axt zu und – siehe da – es erschien eine Marienfigur, die „Jungfrau aus dem Fels" (Virgen de la Peña). In Erinnerung an dieses Ereignis wird sie noch heute alljährlich am dritten Septemberwochenende aus der Dorfkirche zur Kapelle Ermita de las Peñas am ursprünglichen Fundort getragen. Der Fußweg zur Kapelle und zum Stausee ist wohl eine der schönsten **Wandertouren** der Insel (s. S. 93).

Folgt man der FV-30 in Richtung Pájara, sieht man bei km 25 ein weißes Felstor, das wie eine Skulptur einsam in der Bergwelt aufragt. Hier, an der **Degollada de los Granadillos**, kann man eine Pause einlegen und vom Aussichtspunkt den **spektakulären Weitblick** genießen. Und bekommt sogleich Besuch von possierlichen **Atlashörnchen** …

Atlashörnchen – ein Import aus Afrika

Sie kamen vermutlich 1965 im Gepäck von Fremdenlegionären auf die Insel. Und weil sie auf Fuerteventura die gleichen Lebensbedingungen vorfanden wie in ihrer nordwestafrikanischen Heimat, vermehrten sie sich rasch. (Ein Weibchen wirft zweimal im Jahr bis zu zehn Junge.) 30.000 Exemplare, schätzen Biologen, leben mittlerweile auf der Insel. Die Atlas-Borstenhörnchen – so heißen sie korrekt – sind 20 cm groß, ebenso lang ist ihr buschiger Schwanz. Ihr Fell ist graubraun und längsseitig von hellen Streifen durchzogen. Mit ihren Öhrchen, den großen schwarzen Augen und winzigen Vorderpfoten wirken sie so niedlich, dass viele Urlauber gar nicht aufhören wollen, sie zu füttern. Ökologen freilich sind die Tiere ein Dorn im Auge, denn sie fressen junge Pflanzentriebe und plündern Vogelnester, was den Fortbestand einheimischer Arten gefährdet.

024fu Abb.: gs

38 **Pájara** ★★ [G9]

Egal aus welcher Richtung man kommt: Mit seinem vielen Grün leuchtet der Gemeindeort **wie eine Oase**. Gern legt man hier einen Stopp ein und wirft einen Blick in die **schöne Kirche**. Sie stammt aus dem Jahr 1687 und überrascht mit „Exotika": Über dem Portal sind federngeschmückte Indianerhäupter, Sterne und Blumen, seltsame Tiere und sich in den Schwanz beißende Schlangen gemeißelt. Vermutlich wurden sie von einem amerikanischen Ureinwohner bzw. einem aus Amerika heimkehrenden Emigranten geschaffen. Im Innenraum der Kirche geht es mit schmerzensreichen Marien- und Jesusfiguren traditionell-christlich zu. Blickfang sind die beiden bunt bemalten, mit Blattgold ausgelegten Barockaltäre, über die sich herrliche Mudejar-Decken spannen.

❯ **Iglesia de Nuestra Señora de la Regla**, Plaza Nuestra Señora de la Regla, tgl. 9.30 – 19 Uhr

Südlich des Orts (FV-605, zwischen km 11 und 12) lohnt der **Mirador Astronómico de Sicasumbre** einen Stopp: mit Skulpturen von Juan Miguel Cubas und einem maßstabsgetreuen Modell des Sonnensystems, das die Lichtjahre zwischen den Planeten aufzeigt.

Essen und Trinken/Unterkunft

❯ **Casa Isaítas** €€ <053> Guize 7, Tel. 607928307 oder 928161402, www.casaisaitas.com, tgl. 10.30 – 18 Uhr. Mitten im Ort steht das historische Haus, das so schön ist, dass es als Sehenswürdigkeit gelten kann. Mit seinen dicken Natursteinmauern, die zwei luftige Innenhöfe umschließen, ist es ein gutes Beispiel für Fuertes traditionelle Architektur.

O24fu Abb.: gs

Gern lässt man sich hier auf ein Bier und eine Tapa nieder. Wer länger bleiben will, für den stehen vier asketische Zimmer zum Übernachten bereit.

39 Ajuy ★★★ [G8]

Ein pechschwarzer, **von weißen Kalkklippen eingefasster Lavastrand,** dazu schlichte Kubenhäuser und aufgebockte Boote: Viele Ausflügler kommen zum Fischessen hierher – nur schade, dass Autos noch immer am Strand parken dürfen ... Vor und nach dem mittäglichen Touristenansturm verströmt Ajuy den **Charme eines traditionellen Fischerdorfs.** Der Strand, der nicht umsonst Playa de los Muertos („Strand der Toten") heißt, ist zum Baden zu gefährlich.

Doch eine Attraktion ist der an seiner Nordseite startende **Klippenweg zur „Schwarzen Höhle",** einem der spektakulärsten Orte der Insel (Wandertour s. S. 95, leider nicht mehr umsonst): Erst läuft man längs weißer, bizarr verwitterter Kalksteinfelsen, dann steigt man in einen dunklen Schlund hinab ...

40 Antigua ★★ [I8]

Hier hält man gerne an, denn die Gemeindehauptstadt Antigua (dt. „alt") hat einen **hübschen Ortskern** mit Kirche und Plaza sowie ein attraktives Mühlenanwesen. Der Ort entstand nach der Eroberung Fuertes im 15. Jahrhundert inmitten sienaroter, fruchtbarer Erde. Hier gibt es preiswerte Apartments und (etwas außerhalb) ein Landhotel.

◸ *Hoch über der*
„Schwarzen Höhle"

41 Iglesia de
Nuestra Señora de Antigua ★★ [I7]

Der **weite Platz** in der Ortsmitte wurde so aufwendig umgestaltet, dass er heute als **schönster der Insel** gelten darf. Zwischen Granitplatten sind Holzplanken eingelassen, ausgeschnitten sind Kreise und Podeste mit Palmen, Drachen- und Indischen Lorbeerbäumen. Die Bäume werden vom minarettartigen Glockenturm der Kirche „Unserer lieben Frau von Antigua" überragt. Ihre Figur entdeckt man im Hauptaltar unter einer baldachinartigen Mudejar-Decke. Alljährlich am 8. September steigt zu Ehren der Heiligen eine große Fiesta.

❯ Plaza Central, 9.30 – 13 und 16 – 18 Uhr

In Sichtweite der Kirche wurde die Finca eines Großbauern sorgfältig restauriert und dient nun als **Biblioteca.** In dieser Bibliothek mit romantischen Patios lohnt auch ein Besuch der originellen Toiletten – Eintritt frei!

42 Centro Molino
de Antigua ★★★ [I7]

Knapp außerhalb des Ortskerns, an der Straße nach La Ampuyenta, fällt eine **herausgeputzte Mühle** ins Auge. Sie gehört zu einem **Gutshof,** der als **Open-Air-Museum** dient. Neben dem feudalen Wohnhaus, erkennbar an einer hölzernen Balkongalerie, duckt sich ein runder Kornspeicher. Ein Herrenhaus im kastilischen Land-

025fu Abb.: pa

EXTRATIPP

Feria de Artesanía

An einem Wochenende im Jahr (meist im Mai) kommen **Kunsthandwerker** von allen kanarischen Inseln nach Antigua und **verkaufen auf der Plaza ihre Werke:** Keramik- und Stickereiprodukte, Trachtenkleider und kanarische Zupfinstrumente. Folk-Musiker sorgen währenddessen für Stimmung, auch schwergewichtige Ringkämpfer treten in Aktion.

❯ **Centro de Artesanía Molino de Antigua,** Ctra. FV-20, Tel. 928878041, Di–Sa 10–18 Uhr, Eintritt 2 €

Infos und Reisetipps
❯ **Bus:** Verbindungen mit Puerto del Rosario, Tuineje, Gran Tarajal und Tarajalejo (Linien 1, 16), Costa Calma und Morro Jable (Linie 1), mehrere Haltestellen längs der Calle Real
❯ **Taxi:** Tel. 928878011

Essen und Trinken
❯ **Bar Plaza** € <054> Marcos Trujillo s/n, tgl. außer So ab 8 Uhr. Die Bar ist von früh bis spät DER Treffpunkt im Ort: Die einheimische Männerwelt trinkt ihr Bier an der Bar vor dem Wandbild eines Antigua anno dazumal, Besucher genießen ihren Kaffee auf den hübschen Terrassenplätzen der Plaza.

Einkaufen
❯ **Galería de Recuerdos** <055> Calle Virgen de Antigua 4. Sympathischer, kleiner Laden am Kirchplatz: mit Kunsthandwerk, Souvenirs und Modeschmuck.
❯ **Tienda de Artesanía Molino de Antigua** <056> Ctra. FV-20, km 21. Im Museumsdorf ㊷ kann man Kunsthandwerk aus Antigua erstehen, darunter schöne Keramik sowie Flecht- und Webartikel.

hausstil zeigt **archäologische Funde,** u. a. ein vollständig erhaltenes Grab der Mahohs aus einer Vulkanhöhle.

Angeschlossen ist das **Museo del Queso,** in dem man alles Wichtige über Fuertes Top-Produkt erfährt: vom Melken der Ziege über die Auswahl der dem Käse aufgeprägten Muster bis zum Vertrieb.

Die Bauten stehen in einem **Lavagarten** voller Wolfsmilchpflanzen, Kakteen und Drachenbäume. Auch einen Kunsthandwerksladen gibt es.

⌂ Schönes Anwesen, liebevoll angelegter Garten – Centro Molino de Antigua

Unterkünfte

> **Hotel Rural Era de la Corte** €€€ <057> La Corte 1, www.eradelacorte.com, Tel. 928878705. La Era, ein Landhaus aus dem 19. Jahrhundert (1 km südöstlich des Ortskerns), wurde in ein familiär geführtes Hotel verwandelt. Von außen wirkt es wie eine Festung: umgeben von hohen, weinroten Mauern und von großen Hunden bewacht. Die Räume sind mit alten Möbeln stilvoll eingerichtet, doch verfügen einige nur über kleine Oberlichtfenster. Im überdachten, fast museal wirkenden Innenhof stehen Sitzsofas, die aber nur wenig genutzt werden. Das Frühstück mit frisch gepresstem Papayasaft wird auf der Außenterrasse eingenommen, das Abendessen in einem stilvollen Saal. Boccia-Plätze und Tischtennisplatten stehen zur freien Verfügung, für Tennis und Mountainbikes muss man zahlen. Dazu gibt es einen kleinen Pool mit separatem Kinderschwimmbecken und eine Dachterrasse.

❸ La Ampuyenta ⭐ [I7]

Das stille Dorf liegt 5 km nördlich von Antigua. Es wartet mit einer **wunderschönen Kapelle** auf, die von Kopf bis Fuß ausgemalt und von einer zinnenbewehrten Wehrmauer umschlossen ist. Die zweite Sehenswürdigkeit

026fu Abb.: gs

Modepflanze Aloe Vera

*Massageöle und Feuchtigkeitscremes, Peelings und Packungen: Kaum eine kosmetische Anwendung verzichtet auf Aloe Vera. So verwundert es nicht, dass der Anbau dieser Pflanze ein **blühendes Geschäft** ist. Wer im Landesinneren unterwegs ist, wird vielerorts Felder mit den kniehohen, blassgrün- bis rosafarbenen Pflanzen sehen.*

*Erst nach fünf Jahren Wachstum in „ewiger Sonne" werden die Pflanzen geerntet. Ihre fleischigen, lanzenförmigen Blätter werden mit einem chirurgischen Schnitt geöffnet und das im Innern befindliche „Gelee" entnommen. Schonend kaltgepresst, behält es alle Substanzen, die Aloe zur **Wunderpflanze** machen: feuchtigkeitsspeichernde und hautregenerierende Vitalstoffe, Aminosäuren, Enzyme und Vitamine.*

*Interessant sind (deutschsprachige) **Aloe-Vera-Führungen,** bei denen die Herstellung vorgeführt wird. Die Möglichkeit hat man z. B. auf der Finca Canaria Aloe Vera zwischen Tiscamanita und Tuineje.*

> *Finca Canaria Aloe Vera <058> Ctra. FV-20, km 30, Tel. 9281663729, www.aloeverafuerteventura.com, Mo-Sa 10-17 Uhr, kostenlose Führung in Deutsch auf Anfrage*

*Zwischen Villaverde und La Oliva öffnet ein großer Laden, der sich großspurig **Museo de Aloe** nennt. Eine Aloe-Vera-Verkaufsstelle gibt es beispielsweise auch an der Durchgangsstraße in Betancuria (Calle General Moscardó 23, www.aloevera fuerteventura.com).*

ist die – montags geschlossene, aber auch sonst nur unregelmäßig geöffnete – **Casa Museo Dr. Mena**, ein herrschaftliches Haus des gleichnamigen Arztes (1802–1868). Das gegenüberliegende kirchenähnliche Hospital war seine Gründung.

⓸ Casillas del Ángel ★ [J6]

„Engelshäuschen": ein hübscher Name für das weit verstreute Bauerndorf 9 km nördlich Antigua. In seinem Mittelpunkt steht eine **Kirche mit schwarzer Lavafassade** und dreistöckigem Glockenturm. Sie stammt aus dem Jahr 1781 und ist der hl. Anna geweiht, deren **Hauptaltar** zu den schönsten der Insel zählt.

Essen und Trinken

› **El Labrador** €–€€ <059> Casillas del Ángel 130, Tel. 928538151. Einfaches Restaurant unweit der Tankstelle. Serviert wird kanarische Hausmannskost, gut schmeckt Zicklein in allen Varianten – gebraten, vom Holzkohle- und Eisengrill.

⓹ Tiscamanita ★★ [I9]

Das stille Dorf 8 km südlich von Antigua wartet mit einem **Mühlenmuseum** auf. In einer großen, vierflügeligen Mühle und dem benachbarten Müllershaus erfährt man, wie aufwendig es einst war, aus Getreide Mehl herzustellen. Vorgestellt werden auch die Handmühlen der Ureinwohner und von Tieren angetriebene Mahlwerke. Doch die Mühle hat auch

einen praktischen Nutzen: **Gofio**, das geröstete, hier gemahlene Getreide (s. S. 106), findet überall guten Absatz.

› **Centro de Interpretación de los Molinos** <060> Di–Sa 10–18 Uhr, Eintritt 2 €

⓺ Tuineje ★ [H9]

Der Gemeindeort hat eine **hübsche Plaza** mit Rathaus, Kameldenkmal und ein paar Lokalen. Mittendrin steht die **trutzige Kirche** von 1790, in deren Hauptaltar die Figur des drachentötenden Erzengels Michael steht. Einer Legende zufolge soll es mit seiner Hilfe gelungen sein, 1740 die englischen Piraten von der Insel zu vertreiben. Eine Illustration der Schlacht sieht man im unteren Teil des Altars, auch Kamele sind daran beteiligt.

› **Iglesia de San Miguel Arcángel** <061> Plaza de Tuineje, tgl. 9–19 Uhr. Ist die Tür des Hauptportals verschlossen, versucht man es gegenüber im Haus Nr. 7.

Essen und Trinken

› **La Choza** € <062> Plaza de San Miguel, tgl. ab 10 Uhr. Im Natursteinhaus am Kirchplatz wird kanarische Hausmannskost aufgetischt. Von der rustikalen Terrasse hat man die Kirche im Blick.

EXTRATIPP

Fiesta de San Miguel Arcángel

Am 29.9. lässt sich Erzengel Michael, der Schutzpatron von Tuineje, zwei Wochen lang feiern. Meist am 13.10. wird in einer spektakulären Freilichtaufführung die **Schlacht von Tamasite nachgespielt**. Bürger der Stadt schlüpfen in historische Kostüme und feiern ihren glorreichen Sieg.

◁ *Voller Nährstoffe –*
das Fruchtfleisch der Aloe Vera

Corralejo

Puerto
del Rosario

Betancuria

Jandía

Der Osten

Vom Flughafen bis zur Halbinsel Jandía erstreckt sich eine Landschaft mit ockerfarbenen Vulkanen, weiten Ebenen und schwarzen Lavaströmen. Von der FV-2 zweigen Stichstraßen zur Küste ab, an der mehrere Resorts liegen. Der touristische Hauptort **Caleta de Fustes** rangiert bei deutschsprachigen Besuchern deutlich abgeschlagen hinter den Ferienzentren des Südens. Er hat einen schönen, aber vergleichsweise kleinen Strand, dazu zwei Golfplätze. Die meisten Unterkünfte und Lokale sind in britischer Hand.

Bunt gemischt ist dagegen das Publikum im Sport-Resort **Las Playitas**, das mit dem angrenzenden Fischerdorf verschmolzen ist. Über die Gemeindestadt **Gran Tarajal**, wo die Einheimischen unter sich sind, kommt man nach **Tarajalejo**, wo der Strand eher dunkel als hell und von Kies durchsetzt ist.

Für Tagesausflügler gibt es im Osten eine Reihe attraktiver Ziele, so den Oasis Parque **59** in La Lajita, die Salzgärten von Las Salinas **50** und eine rekonstruierte Ureinwohner-Siedlung bei Pozo Negro **52**.

47 Caleta de Fustes ★★ [K8]

Mit 16.000 Betten ist Caleta de Fustes das **größte Ferienzentrum der Ostküste**. Es liegt in einer windgeschützten, sichelförmigen Bucht 8 km südlich des Aeropuerto – die startenden und landenden Flugzeuge sind leider auch um Mitternacht noch zu hören. Vom Hafen führt eine **Promenade** die helle Bucht und weiter südwärts die Küste entlang, vorbei an Komforthotels und dem Einkaufszentrum Atlántico. An die Promenade schließen sich weitläufige Bungalowanlagen an, die in dichtem Grün stehen.

Ganz anders das Bild jenseits der FV-2, die Caleta de Fustes in zwei Hälften teilt: **Monotone Reihenhaussiedlungen** ziehen sich weit die Hänge hinauf. Attraktiver erscheinen die südlich angrenzenden **Golfplätze**, die inmitten der Steinwüste surreal anmuten, aber mit ihrem satten Grün die Landschaft beleben.

Strände

Der helle, feinsandige Strand **Playa del Castillo** ist etwa 800 Meter lang und wird im Osten durch eine weit vorspringende Mole vor der Brandung geschützt. Er fällt sanft zum Meer hin ab, im flachen Wasser lässt es sich gefahrlos planschen. Südlich des Hotels Sheraton wurde mit Hilfe herangekarrten schneeweißen Sandes eine weitere Badebucht, die **Playa de la Guirra**, geschaffen.

48 Puerto del Castillo ★★ [K8]

Hier ist Caleta de Fustes am beschaulichsten. Aus dem **Hafen**, der neben jenen von Puerto del Rosario und El Cotillo der wichtigste der Insel war, werden schon lange keine Agrarwaren mehr exportiert. Stattdessen dümpeln kleine Ausflugsschiffe und elegante Jachten im Wasser. Auch Taucher und Surfer haben hier ihre Basis.

Für eine historische Kulisse sorgt der hohe, aus Lavastein errichtete **Festungsturm**, neben dem sich nette Terrassenlokale aneinander reihen. Der Turm ahmt das gedrungenere Original nach, das man ein paar Schritte weiter entdecken kann. Der Torre del Castillo, 1743 zwecks Piratenabwehr erbaut, ist heute ins gleichnamige Feriendorf integriert und kann wahrscheinlich bald besichtigt werden. Bewacht wird er von einer Alabaster-Marienfigur in einem strahlendweißen Schrein. Zu Ehren der Virgen de la Peña del Mar, der „Jungfrau des Meeresfels", wird Mitte Oktober eine große Fiesta gefeiert.

49 Oceanarium ★★ [K8]

Das **Hafenaquarium** wartet mit ins Meer eingelassenen Becken auf. Hier leben Fische aus kanarischen Gewässern, die nach einiger Zeit wieder in die freie Wildbahn entlassen werden: Papageien- und Drückerfische, Gold- und Zahnbrassen sowie Muränen. Sie dürfen gefüttert und gestreichelt werden – das gilt sogar für den Engelshai! Im Oktopus-Haus kann man sehen, wie Tintenfische mit ihren Fühlarmen selbst schwer zu durchschauende Hindernisse überwinden, um an Nahrung zu kommen. Ein rekonstruiertes Piratenschiff knüpft an die lokale Geschichte an.

Nach der Besichtigung schließt sich eine einstündige **U-Boot-Fahrt** an, deren Höhepunkt der „Besuch" eines

> **EXTRATIPP**
>
> **Küstentour**
> Von Caleta de Fustes läuft man längs der niedrigen Klippenküste südwärts, vorbei an historischen, restaurierten Kalköfen zu den Salzfeldern von Las Salinas (**50**, hin und zurück 2 Std.). Von dort können Konditionsstarke auf dem Weg SL-FV 8 nach Pozo Negro weiterlaufen (weitere 6,5 km, 2 Std.).

dressierten Seelöwen ist. Gegen Aufpreis kann auch eine doppelt so lange Katamaran-Fahrt gebucht werden, deren Ziel es ist, Wale und Delfine zu sichten.

> ❯ **Oceanarium Explorer**, Tel. 928163514, Ausfahrten mehrmals tgl. ab 10.30 Uhr, 20 €, Kinder 10 €

027fu Abb.: pa

▷ *Festungsturm – Blickfang am Strand von Caleta de Fustes*

Infos und Reisetipps

> **Oficina de Turismo** <063> C. C. Castillo Centro, Calle Juan Ramón Soto Morales 12, www.caletadefuste.es, Tel. 928163286, Mo–Fr 9–14 Uhr
> **Bus:** Es bestehen Verbindungen mit dem Flughafen und Puerto del Rosario (Linien 3, 10 und 16).
> **Taxi:** Tel. 928163004

Unterkünfte

> **Barceló Fuerteventura** €€€ <064> Av. del Castillo s/n, Tel. 928547517, www.barcelofuerteventura.com. Das Beste an diesem Hotel ist seine Lage unmittelbar am Strand. Bunte Farben in der Eingangshalle, ein Show-Theater und die Bar stimmen gleich beim Betreten auf Ferien ein. Alles wirkt freundlich, hell und gepflegt. Die 457 Zimmer gruppieren sich um zwei Pools, außerdem gibt es Jacuzzis, finnische und türkische Sauna, vier Tennisplätze, einen Squashcourt sowie Radverleih. Abends werden im „Theater" Unterhaltungsshows und Folklore gezeigt.
> **Sheraton Fuerteventura** €€€ <065> Paseo Marítimo s/n, Tel. 928495100, www.sheraton.com/fuerteventura. Glamour und Komfort: Das „Golf, Spa & Beach Resort" liegt vor einem künstlich aufgeschütteten weißen Strand. Die 266 Zimmer sind mindestens 50 m² groß,

ausgestattet mit King-Size-Betten und Luxusbad, Sat-TV, Safe, Klimaanlage und Ventilator. Abends trifft man sich in der Piano Lobby Bar oder im Pub Someplace Else (oft Livemusik), Kinder von 1 bis 12 Jahren werden im Kids Club ganztägig betreut. Das Spa verfügt über ein von einer Glaskuppel überwölbtes Hydromassage-Thalasso-Bad, Kneipp-Gang, diverse Saunen und Erlebnisduschen. Durch den schönen Garten mit Pool kommt man zum Strand Playa de la Guirra, zum Einkaufszentrum Atlántico läuft man wenige Minuten.

Essen und Trinken

> **Beach Café** € <066> Playa (am Hotel Los Geranios), tgl. 9–23 Uhr. Auf der verglasten Promenadenterrasse lässt es sich in Korbstühlen trefflich sitzen. Waltraud und Volker servieren hausgemachten Kuchen und italienischen Kaffee, für noch mehr Stärkung sorgen Tortilla und Crêpes, Currywurst und Frikadellen. Abends gibt es gut gemixte Cocktails, Fr und Sa auch Livemusik.
> **Chiringuito La Isla** €€ <067> Playa de la Guirra, Tel. 928547693, tgl. 12–23 Uhr. Die Lage des Pavillons auf einer künstlichen Insel vor dem Sheraton-Hotel, vom Strand erreichbar über eine schmale, 150 m lange Holzbrücke, ist toll. Auf der Terrasse genießt man den Blick auf das Meer und einen Drink, ein paar (teure) Kleinigkeiten zu essen gibt es auch.
> **Frasquita** €€ <068> Calle La Aulaga s/n, Tel. 928566998, tgl. außer Mo 13–16 und 18–22 Uhr. Ein Lokal aus touristischen Pionierzeiten am Südende der

◁ *Treffpunkt an der Promenade – das Beach Café*

Playa del Castillo, das ein Stück landeinwärts „verschoben" wurde, um dem neuen Paseo Platz zu machen. Im Frasquita genießt man reifen Ziegenkäse und knackige *gambas al ajillo,* Kalmar und Fisch aller Art, dazu rote und grüne Mojo-Soße aus dem Holznapf.

› **O'Fado** €€ <069> Calle Juan Ramón Soto Morales (C. C. Castillo Centro, Local 25), Tel. 928163369, tgl. 13–23 Uhr. Das portugiesische Restaurant bietet vor allem Fisch und Meeresfrüchte, besonders gut schmeckt hier der *bacalao* (Kabeljau). Dazu werden Weine aus Portugal, Spanien und Italien serviert. Am Wochenende oft Livemusik.

› **Puerto Castillo** € <070> Muelle Deportivo/Puerto, Tel. 928869073, tgl. 10–22 Uhr. Die kleinen Cafés und Lokale im Hafengebäude sind schon früh geöffnet. Hier sitzt man bequem, bestellt frisch gepressten O-Saft, Sandwiches, Crêpes und andere kleine Gerichte – dazu genießt man den Blick auf die vor Anker liegenden Jachten.

Nachtleben

Die großen Hotels bieten **Shows und Konzerte mit Livemusik,** zu denen alle willkommen sind. Außerdem gibt es Bars in den Einkaufszentren, im Castillo Centro auch eine Disco, im Centro Comercial Atlántico außerdem ein großes Kino mit sechs Sälen.

Einkaufen

› **Centro Comercial Atlántico** <071> Carretera de Antigua km 11, www.ccatlantico fuerteventura.com. Das größte Einkaufszentrum mit über 45 Läden und Boutiquen, einem riesigen Supermarkt, Kino, Cafés und Restaurants.

› **Mercadillo** <072> C.C. Monte Castillo, Sa 9–14 Uhr. Der Wochenmarkt bietet Flohmarktartikel, deutschen Silberschmuck und afrikanische Waren – viele schöne Sachen, aber auch Kitsch.

Wale vor der Küste

*Nachdem sie fünf Jahre die Meere der Welt erkundet hatten, staunten Wissenschaftler der US-Stiftung Ocean Alive, als sie in Fuerteventuras Gewässer sondierten. An einem einzigen Tag sahen sie **acht verschiedene Walarten** – und dies in einem überschaubaren Gebiet vom Jandía-Kap im Süden bis zum Entallada-Kap im Osten. Nur in Sri Lanka hatten sie eine ähnliche Artenvielfalt kennengelernt. Vidal Martín, Chef der „Gesellschaft zur Erforschung der kanarischen Meeressäuger" hat in diesem Gebiet insgesamt 22 Arten (von weltweit 79) gesichtet.*

*Und schon wittert man ein gutes **touristisches Geschäft:** „Eine Ressource, die sich auszubeuten lohnt", titelte eine kanarische Tageszeitung. Auf Teneriffa z. B. erzielen 40 Boote, die zu Delfin- und Walexkursionen starten, ein stattliches Vermögen. Umweltschützer sehen indes für die Tiere eine noch größere Gefahr. Sie droht von den 2014 beschlossenen Erdölbohrungen wenige Seemeilen vor Fuertes Ostküste ...*

Las Salinas [K8]

An diesem kleinen Ort südlich Caleta de Fustes führe man achtlos vorbei, gäbe es nicht das spannende „**Salzmuseum**" 50 und das **Ausflugslokal Los Caracolitos.** In der „Kleinen Seemuschel" gibt es Fisch und Meeresfrüchte, frisch und einfach zubereitet. Nach Vorbestellung wird *pescado a la sal* zubereitet: Fisch, der in einer dicken Salzhülle gebacken wird. So bleibt das Fleisch des Fisches zart und saftig – es zergeht auf der Zunge wie

🔟 Museo de la Sal – Salz aus dem Meer ★★★ [K8]

Rund um den Küstenort Las Salinas erstrecken sich **Salzfelder:** schachbrettartig angelegte Becken, mal randvoll mit Wasser, mal mit glitzerndem Salz gefüllt. Darüber „schwebt" das **riesige Skelett eines Finnwals,** der hier im Jahr 2000 gestrandet ist.

Einst wurde in Las Salinas Salz geerntet, das für die Fischfabrik in Puerto del Rosario benötigt wurde. Als diese schloss, wurde die arbeitsintensive Produktion von Salz obsolet. Wie fast überall in Europa kam auch Fuerteventuras Speisesalz fortan aus einer industriellen Vakuumverdampfungsanlage. Es war geschmacklich fader und ärmer an Mineralien, doch dafür zehnmal billiger. Heute hat man die Salinen reaktiviert, um Besuchern eine Vorstellung von der früher üblichen Salzgewinnung zu geben.

Der Rundgang startet am **Museo de la Sal,** dem ehemaligen Haus der Salinenarbeiter. Dort erfährt man, dass Salz einst als „weißes Gold" verehrt wurde. In einer Zeit, die weder Kühlschrank noch Konserven kannte, war es das wichtigste Konservierungsmittel, entschied in Dürrezeiten über Leben und Tod. Besucher erhalten eine (deutschsprachige) Broschüre, in der die Salzproduktion erläutert wird. Mit diesem Grundwissen ausgestattet spaziert man nun zu den **Saltaderos** (Auffangbecken), in die Wind und Brandung das Meerwasser pressen. Von dort wird es in die höher gelegenen **Cocederos** (Erwärmungsbecken) geleitet, wo das Wasser, von der Sonne erhitzt, allmählich verdunstet und das in ihm enthaltene Salz eindickt. Danach wird die Salzlake in **Tajos** (Verdunstungsbecken) gepumpt, in denen sich weiße Salzkristalle ausbilden. Diese werden zu kleinen Kegeln zusammengeharkt, um in der Sonne auszutrocknen. Zuletzt landet das „weiße Gold" im **Almacén de la sal** (Salzlager), wo man ein Säckchen des grobkörnigen, geschmacklich intensiven „sal de espuma" („Schaumsalz") erwerben kann.

❯ **Museo de la Sal,** Las Salinas, Di–Sa 10–18 Uhr, Eintritt 5 €
❯ **Anfahrt:** Las Salinas liegt 3 km südlich von Caleta de Fustes an der FV-2 (Buslinie 3). Von Caleta de Fustes aus ist der Ort auch auf dem „sendero de la guirra" („Weg des Schmutzgeiers") erreichbar, der 3,5 km längs der Küste verläuft.

029fu Abb.: g

Butter. Dazu bietet sich ein schöner Blick auf die Küste.

❯ **Los Caracolitos** <073> Tel. 928174242, Mo–Di, Do–Sa 12–23, So 12–18 Uhr

51 Barranco de Pozo Negro ★ [J9]

Wenn man von der FV-2 Richtung Pozo Negro **53** abbiegt, gelangt man in eine seltsame Landschaft: Die fünf Kilometer lange Schlucht ist auf voller Länge von einem **schwarzen Lavastrom** durchzogen, der aussieht, als wäre er kürzlich erstarrt. „Kürzlich" heißt vor Zehntausenden Jahren, was bei Fuerteventuras geologischem Alter von 22 Millionen Jahren so erscheint, als hätte er sich erst gestern durchs Tal gewälzt. Nur zwei markante Punkte gibt es in der Schlucht: Da ist die nur an ausgewählten Festtagen öffentlich zugängliche **Granja Experimental**, ein „Versuchsbauernhof" der Inselregierung, und die altkanarische Siedlung **Poblado de Atalayita 52**.

53 Pozo Negro ★ [K9]

Die Straße hinter dem Poblado La Atalayita endet an der Mündung des Barranco, der sich mit einem breiten, pechschwarzen Kiesstrand zum Meer hin öffnet. Ein paar Boote sind aufgebockt, dahinter stehen eine Handvoll Katen und preiswerte Fischrestaurants – hier scheint die Zeit in der vortouristischen Epoche stehen geblieben zu sein …

◁ *Landschaftskunst – Salzfelder und Walskelett in Las Salinas*

52 Poblado de Atalayita – Steinzeit-Trip ★★★ [J9]

Fuerteventuras Ureinwohner machten sich den Lavastrom zunutze. In seine Höhlungen bauten sie „casas hondas", halb in den Boden versenkte „tiefe Häuser", die sie vor Wind und Wetter schützten.

*Ein rund angelegtes **Besucherzentrum** (Centro de Interpretación), das den „casas hondas" nachempfunden ist, informiert über das Poblado de Atalayita. Beim anschließenden Spaziergang passiert man ein Dutzend archaischer Rundbauten, Ziegengehege und -ställe sowie „concheros", Haufen von Napfmuscheln, die die Ureinwohner offenbar in Unmengen aßen.*

*Wer das Dorf aus der Vogelperspektive sehen will, besteigt den nahen **Kegel des La Atalayita** (20 Min. hin und zurück). Der Blick reicht von der Anhöhe bis Pozo Negro **53**, einem Fischerdorf am schwarzen Kies-Lava-Strand. Nur wenige Touristen verirren sich dorthin, um in den einfachen Lokalen Fisch zu essen – nicht mehr so preiswert wie einst, aber immer noch urig und mit wildem Meerblick!*

❯ *Centro de Interpretatión de la Atalayita, derzeit geschlossen, nur Besichtigung im Gelände*

❯ *Anfahrt: Von der FV-2 auf halber Strecke zwischen Caleta de Fustes und Gran Tarajal biegt man ab in Richtung Pozo Negro (FV-420). Bei km 3 zweigt eine 1 km lange Piste zum Poblado de Atalayita ab. Mit Bus 10 (Puerto del Rosario – Morro Jable) gelangt man mehrmals täglich nach Pozo Negro.*

030fu Abb.: gs

54 **Las Playitas** ★★★   **[I11]**

Mit seinen weißen, **terrassenförmig an den Hang gebauten Häusern** ist Playitas **einer der malerischsten Orte der Insel**. Treppenwege und gewundene Gassen führen die steilen Klippen hinauf, vorbei an kleinen, blühenden Vorgärten. „Fast staunt man", schrieb ich 2003, „dass dieses windgeschützte Fischerdorf so lange vom Tourismus verschont blieb." Doch kurz darauf trat das Unvermeidliche ein: In der Bucht, die sich westwärts an das Dorf anschließt, begann man zu bauen.

Das Resultat freilich kann sich sehen lassen: Es entstand ein auf den Kanarischen Inseln einmaliges **Sporttresort Playitas** (s. S. 57), dahinter erstrecken sich die Rasenteppiche eines 18-Loch-Golfplatzes. Spitzensportler aus aller Welt kommen zum Training hierher, einzeln und im

Team. Doch auch „normale" Aktivurlauber quartieren sich ein, denn es gibt nur wenige Orte in Europa, an denen man ganzjährig so viele Sportarten auf Profi-Niveau ausüben kann.

Strände

Die 1 km breite, schwarze Sand-Kies-Lavabucht ist an beiden Seiten von dunklen Klippen eingefasst und erstreckt sich vom Dorf bis zum Sport-Hotel Playitas. Während im Dorfbereich weiße Häuser fast bis ans Wasser reichen, verläuft im Resort-Bereich eine attraktive, von Palmen gesäumte Promenade, an deren Südende man Kajaks und Kanus, Surfboards und Segelboote ausleihen kann. Bambusschirme spenden Schatten und Liegen stehen bereit; das Meer ist hier meist brandungsarm und ruhig.

Infos und Reisetipps

siehe Gran Tarajal **56** (Seite 59)

Unterkünfte

Außer dem Sportresort gibt es **Privatapartments,** die über die Lokale im Dorf reserviert werden können: Einfach vorfahren und nachfragen!

> **Playitas** €€-€€€ <074> Las Playitas, Tel. 928860400, www.playitas.info. Das Resort mit 433 Zimmern und Apartments liegt an einer weiten Talmündung und öffnet sich zum Meer – in Sichtweite die malerisch gestapelten Häuser des Fischerdorfs. Das Gelände ist so weitläufig (1 Mio. m²), dass trotz der über 1000 Gäste kein Gefühl der Enge aufkommt. An keinem anderen Ort der Kanaren wird so viel Sport auf so hohem Niveau geboten: 18-Loch-Golfplatz, 50 m langes Olympia-Becken, PADI-Tauchbasis, Segel-, Surf- und Kitesurf-Schule, Mountainbike-Verleih, Kraftraum, Tennisplätze, Handballhalle, Beachvolleyball-Platz ... Relaxen kann man in zwei Pool-Landschaften und im Sports Spa. Weil das Resort nicht nur ein Sport-, sondern auch ein Familienhotel ist, gibt es eine Kid's Sport Academy. Kinder nutzen gern die an der Promenade angelegte Minigolf-Anlage.

◁ *Treffpunkt der Einheimischen: der Strand vor dem Dorf Las Playitas*

Essen und Trinken

Individualurlauber schätzen die traditionsreichen Fischlokale im Dorf.

> **La Rampa** €€ <075> Av. Miramar 1/San Pedro 26, Tel. 928344004, tgl. außer Di ab 12.30 Uhr. Das große Lokal liegt in bester Lage an der Mole. Juan und Soli bereiten frischen Fisch zu, Carpaccio vom Schwertfisch, mittwochs und freitags auch aus Galicien eingeflogene Meeresfrüchte.

> **Víctor** € <076> Calle Juan Soler 1, Tel. 928870716, Di–So ab 12 Uhr. Das Lokal in zweiter Linie bietet gute und preiswerte kanarische Kost, viel frischen Fisch, Tintenfisch in allen Varianten und eine gute Meeresfrüchtesuppe.

Einkaufen

Das örtliche Resort verfügt über einen Supermarkt, doch sind die Preise dort deutlich höher als im Nachbarort Gran Tarajal.

55 Punta de la Entallada ★★★ [J11]

Kurz bevor man Las Playitas erreicht, zweigt ein Sträßchen zur Punta de la Entallada ab. Sieben einsame Kilometer schlängelt es sich durch eine steinige Öde, zuletzt schraubt es sich in mehreren Kehren zu einem fast **200 m hohen Klippenplateau** hinauf. Dort steht **Fuerteventuras schönster Leuchtturm,** der mit seinen wuchtigen Seitenflanken und einem von einer Glaskuppel gekrönten Turm wie eine Festung anmutet. Zu seinem Zauber trägt auch die mit einem schwarz-weißen Steinmosaik überzogene Fassade bei.

Vom Leuchtturm führt ein von einem Geländer gesäumter Weg zu einer Plattform, von der sich über die Klippen hinweg ein **atemberaubender Blick** auf die Küste und ihr Hinter-

031fu Abb.: gs

Boat People am einsamen Kap

Immer wieder liest man es in den Zeitungen: Wieder sei eine „patera" („Nussschale") an der Küste gelandet, meist an der Punta de la Entallada, dem einsamen Felskap im Osten Fuerteventuras. Von dort beträgt die Entfernung zur Sahara nur 100 km, kaum mehr als zur Nachbarinsel Gran Canaria. Die Boote sind leer, wenn sie die Guardia Civil aufgabelt – doch das braucht die Polizei nicht weiter zu kümmern: Auf der wüstenhaften Insel hat der Hubschrauber leichtes Spiel, die dunkelhäutigen Flüchtigen zu finden.

Bei den „hombres sin papeles" („Menschen ohne Papiere") handelt es sich meist um Frauen und Männer aus Senegal und Sierra Leone, Nigeria und Liberia. Nach Zahlung von ca. 1000 Euro, die sie sich zusammengespart

oder geliehen haben, beginnt für sie die gefährliche Überfahrt.

Noch vor wenigen Jahren war fast täglich von „pateras" zu lesen. Doch seit der Etat für Frontex, die „Europäische Agentur für den Schutz der Außengrenzen", ständig erhöht worden ist, schaffen es immer weniger Afrikaner, die kanarischen Küsten zu erreichen. High-Tech-Patrouillenschiffe stoppen die Boote auf hoher See und zwingen sie zur Umkehr. Dabei spielt es weder eine Rolle, in welchem Zustand sich die Flüchtlinge befinden, noch ob sie genug Proviant für die Rückfahrt haben. Die oberste Devise lautet: Haltet die Schwarzen vom EU-Territorium fern! Parallel dazu gibt es Entwicklungshilfe. Diese besteht darin, Schiffe z. B. nach Mauretanien zu liefern und lokale Polizeispezialeinhei-

land bietet. Doch Achtung: Ein Schild warnt nicht umsonst vor unberechenbaren Windböen!

56 Gran Tarajal ★ [I11]

Mit 10.000 Einwohnern ist Gran Tarajal **Fuerteventuras zweitgrößte Stadt.** Sehenswert ist ihr Zentrum mit Kirche, Post und schattigem Park, im Kulturzentrum und Auditorium finden Ausstellungen, Konzerte und Theateraufführungen statt. Herausgeputzt wurde auch die **Meerespromenade.** Sie ist von Terrassenlokalen gesäumt und zieht sich 500 m längs des dunkelsandigen Strandes zum Hafen.

Infos und Reisetipps
› **Oficina de Turismo** (Pavillon) <077>
  Calle Atis Tirma s/n, Tel. 928162723,

ten auszubilden, damit diese Frontex die Arbeit des Abfangens abnehmen.

Auf all jene Flüchtlinge, die es bis zu den Inseln schaffen, wartet das Auffanglager. Laut Gerardo Mesa, Direktor des Roten Kreuzes auf Fuerteventura, ist dieses „schlimmer als ein Gefängnis". Und er klagt die Polizei an: „Es kostete uns große Mühe, sie davon zu überzeugen, dass vor dem Überprüfen der Papiere Erste Hilfe stehen muss, um das Überleben der Flüchtlinge zu sichern." Der alte Flughafen von Fuerteventura, wo die Illegalen auf ihre Abschiebung warten, ist eine umgitterte und von knurrenden Hunden bewachte Halle. Kaum einen Steinwurf entfernt befindet sich der neue Flughafen, die Welt der zahlenden Inselbesucher, der Touristen: Marmor und Glasfassaden, Palmen, Rasenteppiche und lächelnde Hostessen ...

www.tuineje.es, Mo–Fr 10–14, im Sommer auch Sa 10–13 Uhr
› **Bus:** Verbindungen mit Las Playitas (12), Puerto del Rosario (Linien 1, 10, 16), Antigua (1, 16), Pájara (9, 18), Tarajalejo (1, 9, 16), La Lajita (1, 9), Costa Calma und Morro Jable (1, 9, 10)
› **Taxi:** Tel. 928870059

57 Giniginámar ★★ [H12]

Nur wenige Urlauber verirren sich in diesen kleinen Ort: An der Mündung eines Tals, das sich in einer weiten Kiesbucht zum Meer hin öffnet, scharen sich weiße Häuser um ein Kirchlein, davor liegen Fischerboote. Sie liefern Frischware für das **Terrassenlokal Olas del Sur**, in dem man unterm Bambusdach Platz nimmt und die Meeresbrise genießt. In gebührendem Abstand zu den Fischern wurde auf der gegenüberliegenden Talseite eine kleine Feriensiedlung hochgezogen.
› **Olas del Sur** €–€€ <078>
  Calle del Carmen 5, tgl. 12–21 Uhr

58 Tarajalejo ★ [G12]

Das ehemalige Fischerdorf ist heute ein recht normaler kanarischer Ort mit Supermarkt, kleinen Geschäften und mehreren Lokalen. Jenseits des Talbetts befindet sich ein Hotel mit Wassersportzentrum. Eine kleine **Promenade** mit Palmen belebt die Szenerie.

Tarajalejo ist **sehr ruhig,** denn die Nord-Süd-Schnellstraße FV-2 macht einen großen Bogen um den Ort. Landeinwärts entstand die Residen-

◁ *Schön wie eine Burg – der Leuchtturm an der Punta de la Entallada* 55

tensiedlung Puerto Azul, nördlich der Abzweigung befinden sich das vom Hotel übernommene Restaurant El Brasero und ein Reitstall.

Strände

Die **Playa de Tarajalejo**, ein dunkler, etwa 1 km langer Sand-Kies-Strand, reicht von der Fischermole, an der kleine Boote liegen, vorbei an Terrassenlokalen bis zu den niedrigen Klippen im Südwesten. Die Brandung ist dank eines Felsriffs gering, sodass man problemlos baden kann. Das ans Clubhotel angeschlossene Wassersportzentrum bietet Tauch- und Surftrips, die auch Nicht-Hotel-gäste nutzen können.

Infos und Reisetipps

› **Bus:** Verbindungen mit Puerto del Rosario und Antigua (Linie 1), Pájara (Linie 9), La Lajita und Gran Tarajal, Costa Calma und Morro Jable (Linien 1, 9)

Unterkünfte

› **Ap. Varadero** €€ <079> Calle Isidro Díaz s/n, Tel. 928872032, www.varadero-fuerteventura.com. Die kleine, in maritimen Farben gehaltene Anlage ist nur durch die Straße vom Meer getrennt. Die 20 Apartments verfügen über ein bzw. zwei Schlafzimmer, Wohnküche, Bad und Terrasse mit Meerblick, außerdem gibt es einen Pool.

› **R2 Bahía Playa** €€€ <080> Playa de las Palmeras, www.r2hotels.com, Tel. 928161001. Unmittelbar an der Küste liegt das modern-funktionale Clubhotel mit 163 Zimmern, die sich auf mehrere Gebäude verteilen. Eines davon, das „Romantic Fantasia Suites Hotel", bleibt Erwachsenen vorbehalten. Die Anlage

punktet mit zwei Süßwasser-Pools und einem Wellness- und Spa-Bereich. Das umfangreiche Aktivangebot umfasst Tischtennis, Bogenschießen und Boccia, gegen Gebühr auch Tennis und Squash, Tauchen und Surfen.

Essen und Trinken

› **Adeyu** € <081> Calle Isidro Díaz 3, Tel. 928161085, tgl. außer Mo 8–24 Uhr. Nicht allein wegen der Terrasse am Meer ist das Lokal beliebt, auch die preiswerten Tapas und Tagesgerichte sowie Adolfos freundlicher Service kommen gut an.

› **La Barraca** €–€€ <082> Calle Isidro Díaz 14, Tel. 928161085, Di–So 12–16 und 18–22 Uhr. Eine „Baracke" in bester Lage mit einer Terrasse am Meer, nach dem letzten Besitzerwechsel nicht mehr so volksnah wie früher. Darum werden auch nicht mehr Tapas, sondern *medias raciones* (halbe Portionen) serviert. Das Essen wird von Meeresrauschen begleitet, das Dach spendet wohltuenden Schatten.

› **R2 El Brasero** €€ <083> Centro de Ocios, Ctra. FV-2, Tel. 928161182, Di–So 10–18, Küche 13–17 Uhr. Das hübsch renovierte Grillrestaurant liegt 1 km außerhalb des Orts an der Schnellstraße, mit Snackbar und Pool.

La Lajita [G12]

In diesem kleinen Ort leben all jene, die in den Ferienstädten des Südens arbeiten. Das öffentliche Leben spielt sich rings um einen kleinen Kirchplatz ab, auf dem auch ein Terrassenlokal öffnet (La Falúa €–€€, Tel. 928343259, Mo geschl.). Davor liegt ein kleiner Kiesstrand. Doch die meisten Besucher kommen nicht, um zu baden, sondern um den **Oasis Parque** 🔴 anzuschauen, der durch große Werbetafeln auf sich aufmerksam macht.

› *Afrikanische Bewohner des Oasis Parque*

59 Oasis Parque ★★★ [G12]

Von der Straße sieht man eine Wand aus Palmen, Bougainvilleen und Hibiskussträuchern. Dahinter verbergen sich ein Zoo mit Tiershows, eine Kamelstation und ein Botanischer Garten. Da das Gelände 780.000 m² groß ist, pendelt ein im Preis inbegriffener „Jungle Bus" zwischen Zoo und Garten. Auf dem Areal kann man **mit Kindern** problemlos einen halben bis vollen Tag verbringen.

Die Tour startet am Info- und Kassenhäuschen und führt zunächst in den **Parque de Animales,** wo inmitten von viel Grün 200 verschiedene gefiederte Exoten leben, u. a. Pelikane, Tukane und Flamingos. Mehrmals täglich findet eine **Papageienshow** statt, die beweist, wie gelehrig diese Vögel sind: Sie plappern nicht nur Gelerntes nach, sondern fahren auch Mini-Rad und schlagen Purzelbäume. Ein zweiter Schwerpunkt liegt auf afrikanischen Tieren: Zebras und Giraffen streifen durch ihre Gehege, Affen schwingen sich durch Baumwipfel. Auch Krokodile und Schlangen gibt es, die in einer Reptilienshow vorgeführt

werden. Gleiches gilt für die massigen Seelöwen.

In einem separaten Gehege, der **Reserva de Camellos,** leben einheimische „camellos majoreros". Da sie nur einen Höcker haben, müssten sie korrekterweise Dromedare genannt werden. Sie sind eine besondere Züchtung, unterscheiden sich von ihren kontinentalen Artgenossen durch einen kleineren, robusteren Wuchs und ein geschecktes Fell. In der Landwirtschaft längst durch Maschinen ersetzt, werden sie heute nur noch für Touristen eingesetzt. Die etwas großspurig genannte 30-minütige **Safari de Camellos,** bei der zwei Personen pro Dromedar auf einem Holzgestell Platz nehmen, führt auf einen Bergrücken (mit schöner Aussicht) und anschließend wieder hinab - gut festhalten, denn man wird gehörig durchgeschüttelt!

Der Jungle Shuttle bringt Besucher in den angrenzenden **Jardín Botánico.** Auf dem riesigen Areal sind über 2000 verschiedene Kaktusarten und dickblättrige Gewächse zusammengetragen: wahre „Lebenskünstler", die

032fu Abb.: gs

wüstenhaftem Klima trotzen und in karger Erde Wurzeln schlagen. Tausende von Palmen, 80 verschiedene Arten, wachsen im Palmetum. Im Cactarium kann man 2300 Kakteen und viele Sukkulenten (wasserspeichernde Pflanzen) bewundern. Darunter befinden sich auch alle zwölf Fuerte-Endemiten, das heißt Pflanzen, die nur hier und nirgends sonst auf der Welt wild wachsen.

› *Oasis Parque, La Lajita, www. fuerteventuraoasispark.com, Tel. 928161102, tgl. 9.30–18 Uhr, Eintritt Tierpark und Botanischer Garten 28 €, Kinder von 3 bis 11 Jahren 18 €, Zusatzkosten für Kamelsafari, Spiel mit Seelöwen und Lemuren, Rabatt für Rentner und beim Kauf von Online-Tickets, Gratisbus u. a. ab Costa Calma, Esquinzo und Jandía*

› *Anfahrt: La Lajita liegt an der FV-2 bei km 57,6, knapp nördlich der „Taille", die die Halbinsel Jandía von Fuertes nördlichem Hauptkörper trennt. Linienbusse fahren stündlich von Puerto del Rosario bzw. Morro Jable (1, 25) nach La Lajita, mehrmals tgl. auch von Caleta de Fuste (10). Außerdem gibt es Gratisbusse des Oasis Parque u. a. ab Costa Calma, Esquinzo und Jandía (auf Flyer im Hotel achten).*

› *Tipp: Bauernmarkt! Im Oasis Parque verkaufen Bauern jeden Sonntag von 10 bis 14 Uhr all das, was sie produzieren: Käse und Süßes, frisches Obst und Gemüse – alles ist frisch, alles ist günstig. Dazu gibt es kanarisches Kunsthandwerk und zur Unterhaltung Folklore!*

Der Süden

An der Landenge, die die Halbinsel Jandía vom Rest der Insel trennt, beginnen **fantastische Strände**, die von Costa Calma bis hinab nach Morro Jable reichen. An den Playas reihen sich in lockerer Folge Ferienorte mit Komforthotels, Clubs und All-inclusive-Anlagen. Die **Playa Barca** ist Fuertes **Hotspot für Surfer**, vom Hafen in Morro Jable starten die Bootstrips.

Herrlich ist die **landschaftliche Kulisse**: Hinter den Ferienorten ragt ein gezackter Gebirgszug auf, der die Halbinsel in zwei unterschiedliche Hälften teilt. Jenseits der Zacken liegen die nur über Piste erreichbaren **Playas de Cofete und Barlovento**, die sich im Rahmen eines Tagesausflugs erkunden lassen – nirgends auf den Kanaren findet man so schöne und zugleich so einsame Strände. Hier kann man lange Strandwanderungen unternehmen, das Baden allerdings ist auf der Westseite gefährlich!

▷ *Weicher Sand, transparentes Wasser – an der Costa Calma, der „ruhigen Küste"*

⓿ Costa Calma ★★★ [E12]

„Ruhige Küste": So heißt der Ferienort an der Landenge, an dem ein **Reigen langer Playas** beginnt. Für Entspannung sorgen Strandläufe, Badesessions im Meer und Surftrips längs der Küste. Das Leben der (vorwiegend deutschen) Urlauber spielt sich fast ausschließlich am Strand ab. Dorthin pilgern sie am frühen Vormittag und erst nach Sonnenuntergang kehren sie zurück in die Hotels, wo das Abendessen serviert wird.

Es gibt in Costa Calma keinen Konzertsaal, keine Kulturzentren und Museen. Das einzige, das an städtisches Leben erinnert, sind ein paar fantasielos konstruierte Einkaufszentren mit Läden, Kneipen und Cafés. Dabei ist Costa Calmas „Stadtbild" gar nicht so unattraktiv. Wer vom Flughafen kommt, sieht zunächst ein monumentales, in der Sonne glitzerndes Windspiel, in der Ferne schimmert ein kirchenähnlicher Turm. Bald mündet die FV-2 in einen dichten Palmengürtel, der Costa Calma auf voller Länge durchzieht. Zum Meer hin liegen inmitten von Gärten die Hotels und Apartmentanlagen, landeinwärts leben in Reihenhaussiedlungen die Residenten.

Im Vergleich zu Corralejo und Jandía ist es an der „ruhigen Küste" abends recht still, das Nachtleben beschränkt sich auf ein bis zwei Discos. Dafür ist sportlich jede Menge los: Wasserfreaks finden am Nordabschnitt des Strandes eine **Surf- und Tauchbasis**, **Wind- und Kitesurfer** werden per Shuttle zur Playa Barca ⓬ gebracht.

Strände

Die **Playa Costa Calma** bildet den Auftakt zu einer schier endlosen Reihe von Stränden, die auch unter dem

033fu Abb.: gs

Namen **Playas de Sotavento** bekannt sind und sich auf einer Länge von 20 Kilometern bis Morro Jable ⓿ erstrecken. Am Nordrand von Costa Calma ist der Strand noch recht schmal, dann wird er schnell breiter und wirft sich landeinwärts zu einem hohen Dünenwall auf. Der **Sand ist weiß und weich,** flach fällt er ins türkis schimmernde Meer ab. Man kann Liegen und Sonnenschirme ausleihen, Beachbars bieten Erfrischungen an.

Infos und Reisetipps

> **Touristeninformation:** Info-Stand am Verkehrskreisel der FV-2 (Rotonda Principal, nördl. Ortsausgang), Tel. 28875079, Mo–Fr 8.30–14 Uhr
> **Bus:** Verbindungen mit La Lajita, Gran Tarajal und Tarajalejo (Linie 9), Flughafen (10), Puerto del Rosario (1, 10), Antigua (1), Pájara (4, 9) und Morro Jable (1, 9, 10). Busse in Richtung Norden halten an der Av. Jahn Reisen vor dem Hotel Barlovento, in Richtung Süden an der Plaza Hapag Lloyd und nahe der Tankstelle.
> **Taxi:** Tel. 928547032

Unterkünfte

> **Rio Calma** €€€€ <084> Calle Artistas Canarios 8, Tel. 928546050, www.r2hotels. com, 384 Zimmer. Das Vier-Sterne-

EXTRATIPP

Künstliche Lagune

Ein Meerwasser-Pool wurde vor Ort so angelegt, dass man meint, eine Lagune vor sich zu haben. Hotelgäste des Rio Calma haben ihn direkt vor der Haustür. „Auswärtige" laufen am Strand von Costa Calma nordwärts zu den Klippen, die vom Kirchturm überragt werden. Das türkisfarbene, von Sand eingefasste Wasser wird von einem rauschenden Wasserfall gespeist.

Plus-Hotel fällt architektonisch aus dem Rahmen. Der Haupttrakt ist einer Kirche nachempfunden, die Turmspitze ist Costa Calmas Landmarke. Über mehrere Terrassen steigt man zur Küste hinab: von der Gastro-Ebene auf Natursteinwegen zur Poollandschaft, dann am Wasserfall vorbei zu einer herrlichen Meerwasserlagune. Auch im Angebot: ein Spa mit Pool und Saunen, Tennis, Minigolf und Tischtennis. Nicht zu vergessen: die Orangerie mit vielen Exoten!

> **Taro Beach** €€ <085> Av. Jahn Reisen s/n, Tel. 928547076, www.sunrisebeach hotels.com. Strandnahes und relativ preisgünstiges Hotel mit 266 Zimmern, alle mit Kühlschrank und Sat-TV. Zur Anlage gehört ein großer Pool, in dessen Mitte eine über Brücken erreichbare Bar „schwimmt". Außerdem gibt es vier Tennishartplätze, Sauna, Minigolf und für Kinder einen Miniclub.
> **Ultra** €€–€€€ <086> Calle Risco Blanco s/n, Mobiltel. 603509827 (in Deutschland Tel. 022 359553014), www.ultra-dos. de. Am Ende der „Fressgasse", in einer kleinen Anlage über dem Strand, werden 25 Studios und Apartments unterschiedlicher Größe vermietet. Gleichfalls im Angebot: zwei Häuser in La Pared mit je eigenem Pool.

Essen und Trinken

Die meisten Gäste haben Halbpension oder all-inclusive gebucht, sodass es in Costa Calma trotz der großen Zahl an Touristen nur wenige gute Restaurants gibt. Eine kleine Gastrogasse ist die Calle Risco Blanco, an der sich von der Konditorei bis zum Szene-Restaurant mehrere Lokale aneinanderreihen. Weitere Restaurants sind über die Einkaufszentren verstreut.

> **Café O La La** € <087> Calle Playa de las Pilas 17, C.C. Costa Calma Arena, Mo–Sa 8.30–18 Uhr. Frische, hausge-

machte Backwaren, belegte Brötchen und Baguettes, dazu auf Fuerte gerösteter Café – Angelikas und Gildos verglaste Terrasse ist ein beliebter Treffpunkt.

> **Cafetería Molino** € ‹088› Calle Risco Blanco 2, Tel. 691848001, Mo–Sa 7.30–18, So 8.30–17 Uhr. Im rustikalen Café der Gastro-Gasse serviert Konditorin Susann alles täglich frisch: Vollkornbrot und Brötchen, Kuchen und Törtchen und jedes Jahr ab November auch Thüringer Stollen mit viel Butter und kandierten Früchten. Frühstück und Mittagssnack kann man auf der Straßenterrasse einnehmen.

> **El Divino DVN** €€ ‹089› Calle Risco Blanco s/n, Urb. Bahía Calma, Mobil 619103342, tgl. außer Di ab 18 Uhr. Stimmungsvolles Ambiente mit Kerzenlicht, das gut zu den ockerfarben geschlemmten Wänden passt. Geführt wird das Lokal von Andrés und Felipe, die eine leichte spanisch-kanarische Küche, Suppen und Salate anbieten. Nebenan öffnet Do–Sa ab 22 Uhr der **DVN Lounge Club** mit Cocktails und Long Drinks, Heineken Party, Ladies' Night und Sexy Dancers.

> **Fuerte Action** € ‹090› C.C. El Palmeral, tgl. 8.30–2 Uhr, WLAN-Hotspot. Der Treffpunkt der Surferszene liegt oberhalb der Durchgangsstraße. Auf dem Fernsehschirm flimmern Sportvideos, für das Beachbar-Flair sorgen Rattanmöbel und Yucca-Palmen. Angeboten werden Frühstücksgedecke „von normal bis vital", außerdem Baguettes und Sandwiches sowie frisch gepresste Obstsäfte.

> **Mamma Mia** € ‹091› C.C. Costa Calma Arena, Calle Playa de las Pilas s/n, tgl. 12–22 Uhr. Ohne Ausblick und kulinarische Raffinesse, dafür freundlich und schnell. Abgesehen vom preiswerten Mittagsmenü gibt es eine große Auswahl an Pizzas aus dem Holzkohleofen und mehrere Fleisch- und Fischgerichte – empfehlenswert ist die Seezunge.

Nachtleben

In allen Großhotels gibt es allabendlich **Livemusik und Shows,** zu denen auch Nicht-Hotelgäste willkommen sind. Ansonsten ist Nachtleben am Ort Mangelware: Gern trifft man sich in der Fuerte Action Bar und wechselt anschließend in den **DVN Lounge Club** (s. o.).

Einkaufen

> **Einkaufszentren:** Centros Comerciales mit Boutiquen, Surf- und Sportshops, aber auch mit vielen Lokalen, sind über den gesamten Urlaubsort verteilt.

> **Deutsche Buchhandlung im C.C. Costa Calma** ‹092› Tel. 928875077, Mo–Fr 9.30–18, Sa/So 9.30–13 Uhr. Dana und Markus betreiben den bestsortierten deutschsprachigen Buchladen der Insel. Wer die Gestirne am klaren Nachthimmel benennen will, greift zu Sternatlanten, wer mehr zur Natur erfahren möchte, kauft Bestimmungsbücher zur kanarischen Flora und Fauna, Pilz-, Schnecken- und Muschelführer. Natürlich gibt es auch Bestseller und Fuerte-Romane, Kinderliteratur, Spanischkurse und -CDs, Zeitschriften, Spiele und Malbedarf.

> **Mercadillo** ‹093› Plaza Hapag Lloyd, Mi u. So 10–14 Uhr. Beliebter Wochenmarkt nahe dem nördlichen Ortsausgang.

EXTRATIPP

Strandlauf

Von Costa Calma kann man am Strand bis Esquinzo oder Jandía laufen und von dort mit dem Bus zurückfahren. Der schönste Abschnitt der Tour ist der erste: Hinter der „Katzenklippe" (Risco del Gato) wechseln sich sandige und felsige Abschnitte ab, kurz darauf weitet sich der Strand zur Lagune Playa Barca 🔴. Auf ihrer Nehrung läuft man „auf dem Wasser" – zur Linken das offene Meer und zur Rechten die Lagune.

61 La Pared ★★ [F11]

In prähispanischer Zeit verlief quer über die Landenge eine Mauer (*la pared*). Nach ihr ist der Ort an ihrem Nordwestende benannt. Der erste Blick zeigt allerdings keine historisch gewachsene Siedlung, sondern eine weit in die Landschaft ausgreifende, verödete Urbanisation. Lebendiger präsentiert sich La Pared am 800 m langen Strand **Playa del Viejo Rey**, dem „Strand des alten Königs". Aufgrund der stets starken Brandung ist die Playa **DER Wellenreiter-Spot des Südens**, dem mehrere Surf-Schulen ihre Existenz verdanken.

Noch malerischer ist die kleinere **Klippenbucht Playa de la Pared**, an der man herrliche Sonnenuntergänge genießt. Über der Bucht thront das **Terrassenlokal Bahía La Pared** mit schönem Blick, aber leider nur durchschnittlichen Fischgerichten. Kinder freuen sich über den Pool mit Wasserrutsche.

❭ **Bahía La Pared** €€ ‹094› Tel. 928549030, tgl. ab 12 Uhr
❭ **Anfahrt:** Von der FV-617 folgt man der von Kugellaternen flankierten Avenida bis zum Kreisel. Rechts geht es zur Playa de la Pared, geradeaus zur Playa del Viejo Rey. Außerdem passieren Busse der Linie 4 den Ort.

62 Playa Barca – Los Gorriones ★★★ [E13]

Südlich von Costa Calma liegt am Rande einer eindrucksvollen, von Windrädern gespickten Dünenlandschaft das **Resort Los Gorriones**. Sein Schmuckstück ist ein breiter, puderfeiner Strand, dem die **türkisfarbene Lagune Playa Barca** vorgelagert ist. Sie reicht 4 km südwärts bis zu den Riesendünen von Risco del Paso 63. Durch eine schmale Nehrung ist die Lagune vom offenen Meer abgetrennt. Bei Flut flitzen in ihrem knietiefen Wasser Surfanfänger übers Wasser, während sich weiter draußen

O4Ofu Abb.: gs

Fortgeschrittene tummeln. Bei Ebbe, wenn die Lagune trocken fällt, bildet sich ein riesiges Watt aus, das von Wasservögeln aufgesucht wird, u. a. vom weißen Seidenreiher.

Am Rand des Strandes befinden sich das **Pro Center René Egli I**, eine der weltweit größten Surfschulen. Das weiter landeinwärts aufragende Hotel Los Gorriones versucht mit viel Grün, seine klotzige Architektur zu kaschieren.

🔴63 Risco del Paso ★★★ [E13]

3 km weiter südlich zweigt von der FV-2 eine Piste nach Risco del Paso ab: **zwei Riesendünen**, die an der Küste klippenartig zum Strand hin abfallen und von ihrem Kamm aus einen **fantastischen Fernblick** bieten. Am Fuße der Dünen wurde eine Filiale des nahen **Surfcenters** eingerichtet (Pro Center René Egli II), an der es locker und lässig zugeht.

Esquinzo – Butihondo [D14]

Oberhalb des kilometerlangen Strandes ragen hohe Klippen auf, die durch mehrere Schluchtmündungen voneinander getrennt sind. Auf jeder Klippe thronen ein paar größere und kleinere Hotels – fast immer bieten sie Weitblick aufs Meer. Eine städtische Struktur sucht man vergebens, was freilich die Urlauber, die Halbpension oder all-inclusive gebucht haben, nicht stört.

Das **Urlaubszentrum** liegt unterhalb der Autobahn FV-2 Costa Calma – Morro Jable und ist über die Abfahrt 79 (nur „Butihondo" ausgeschildert)

erreichbar. Die Orientierung fällt nicht leicht, denn es sind **vier Feriensiedlungen,** die sich hier aneinanderreihen – und sie sind sehr unterschiedlich! Links geht es am Kreisverkehr nach Esquinzo (mit Robinson Club bzw. Marina Playa), rechts nach Butihondo (mit Princess-Hotels bzw. Magic Life).

In **Esquinzo** lieben Individualurlauber vor allem die nördliche, von ruhigen und gemütlichen Apartmenthäusern überragte Bucht. Auf einer Klippe über dem feinsandigen Strand thront die Anlage Marina Playa. In zweiter und dritter Reihe folgen die Häuser Monte Marina, Esquinzo und Monte del Mar. Familiäre Einbindung wird hier groß geschrieben, Supermarkt und kleine Lokale liegen ganz in der Nähe. Der Robinson-Club bildet den zweiten „Ort" und hat eine eigene Zufahrt. Mit seinem Animationsprogramm spricht er vor allem Familien mit Kindern an, rund um die Uhr gibt es Sport und Fun.

Noch weiter südlich folgt die Hotelstadt **Butihondo.** Vor gar nicht langer Zeit war dies eine unwirtliche, von breiten Barrancos durchzogene Wüstenlandschaft – doch die Tourismusindustrie duldet kein unprofitables Terrain: Darum wurde weitergebaut, ob mit oder ohne Moratorium. Wahrscheinlich wird es nicht mehr lange dauern, bis sich eine lange, dann wohl sieben Kilometer lange Touristensiedlung von Esquinzo über Butihondo bis ins Touristenmekka Jandía erstreckt. Zwischen diesen Orten verkehren bereits zahlreiche Busse: außer dem Gemeindebus auch die Linien 1, 4, 5, 9 und 10. Wer mehr Zeit mitbringt, läuft den Parade-Parcours am Strand entlang bis Morro Jable – dies ist allerdings nur bei niedrigem Wasserstand möglich!

◁ *Vor dem Surftrip –*
an der Playa Barca

Strände

An den Playas kann man Liegen und Sonnenschirme mieten, bei Niedrigwasser zu schier endlosen Spaziergängen aufbrechen, surfen und tauchen. Beliebt sind die *chiringuitos*, **einfache Strandlokale**, in denen man Sangría mit Sekt bestellen kann, aber auch leckere Kleinigkeiten zu essen bekommt. Bläst der Wind aus Südost, zieht man sich in die Poollandschaft zurück.

Infos und Reisetipps

❭ **Bus:** Verbindungen mit Morro Jable und Costa Calma (Linien 1, 9, 10), La Lajita (25), Gran Tarajal und Tarajalejo (9), Puerto del Rosario (1, 10), Antigua (1) und Pájara (4, 9). Zusätzlich verkehrt ein Shuttlebus der Gemeinde zwischen Morro, Jandía, Las Gaviotas und Esquinzo.

❭ **Taxi:** Tel. 928547032 (Costa Calma), Tel. 928541257 (Jandía/Morro Jable)

Unterkünfte

❭ **Ap. Marina Playa** €€€ <095> Volcán del Vayuyo 10, Esquinzo, Tel. 928544052, www.montemarinaplaya.com. In diesem Aparthotel genießt man Ruhe und Intimität, Komfort und ein freundlich-familiäres Ambiente. Es ist terrassenförmig auf einer Klippe erbaut, sodass man sich fast wie in einem Adlerhorst fühlt – tief unten der Strand und das Meer, zu dem ein bequemer Weg hinabführt. Man wohnt in 62 großzügig geschnittenen Apartments für 2–4 Personen, fast alle mit Balkon und Meerblick – je höher man wohnt, desto schöner! Auf der untersten Terrasse gibt es ein großes, teilweise von einer Holzkuppel überwölbtes Meerwasserbecken, sodass man auch bei Wind und Wetter schwimmen kann, dazu Sauna und Massageräume mit Meerblick. Der Clou aber ist das Klippenrestaurant, in dem man mit unverstelltem Meerblick frühstücken kann.

❭ **Magic Life Fuerteventura Imperial** €€€ <096> Av. de los Pueblos 1, Butihondo, Tel. 928873600, www.magiclife.com. Die All-inclusive-Anlage ist bei jungen Singles und Paaren beliebt. Das Fitness-Angebot ist breit gefächert, umfasst Aerobic und Nordic Walking, Spinning und Mountainbiking, Volley-, Beach- und Wasserbasketball (alles inklusive). Kinder werden ab einem Alter von 12 Monaten betreut. Die Zimmer sind freundlich und funktional, wer es intimer mag, bucht sich in der teureren Private Lodge ein. Zum naturbelassenen Sandstrand geht es steil über Stufen hinab.

035fu Abb.: gs

◁ *Hoch über der Küste – Klippenrestaurant Marina Playa*

> **Monte Marina Naturist Resort** €€ <097> Montana de la Muda 6, Esquinzo, Tel. 928544052, www.montemarinaplaya. com. Exklusiv für Freunde des FKK: Traditionsreiche Anlage im maurischen Stil mit 50 weiß getünchten, verschachtelt gebauten Wohneinheiten, bunten Kacheln und viel Grün. Sie gruppieren sich hufeisenförmig um einen Palmengarten, der eine in sich geschlossene Welt bildet. Mit rundem Pool, Jacuzzi und einer durch Panoramafenster in den Garten integrierten Gemeinschaftssauna ist er so anheimelnd, dass ihn viele Gäste den ganzen Tag über nicht verlassen. Restaurant und andere Einrichtungen des Marina Playa können mitbenutzt werden. Zum Strand läuft man etwa fünf Minuten.

> **Robinson Esquinzo Playa** €€€€ <098> Tel. 928168000, www.robinson.com. 100.000 m² große, hoch über dem Strand gelegene Clubanlage mit eigener Meerwasserentsalzungsanlage und vollbiologischer Kläranlage. Aufgrund des umfangreichen Sport- und Animationsprogramms ist der Club vor allem bei Familien mit Kindern beliebt. Die meisten der Zimmer sind mit Balkon oder Terrasse ausgestattet. Es gibt zwei Pools und ein separates Planschbecken, dazu Wellness, Sauna und Fitness, Theater und Atelier. Über einen befestigten Weg erreicht man den Strand, mit seinem Surf- und Segelrevier ein ideales Pflaster für Wassersportler.

Essen und Trinken

> **Marabú** €€ <099> Fuente de Hija 2, Tel. 928544098, www.e-marabu.com, tgl. außer So ab 13.30 Uhr. Eine der besten Adressen der Insel, bei Residenten und Urlaubern gleichermaßen beliebt. Ralf und Eloisa bieten fantasievolle, oft wechselnde Küche in elegantem Landhausambiente bzw. im Garten unter weißen Segeln. Es empfiehlt sich zu reservieren.

> **Marina Playa** €€ <100> Volcán del Vayuyo 10, Tel. 928544218, tgl. außer Fr 14–17 (Kaffee und Kuchen) und 18–21 Uhr (à la carte). Die Lage könnte nicht besser sein: Das im Pergola-Stil erbaute Restaurant thront auf einer Klippe, von der Terrasse genießt man einen herrlichen Meerblick. Um nachmittags Kaffee und Kuchen zu genießen (nur im Winter!), ist dies einer der besten Orte auf Fuerteventura! Und auch abends ist Marina Playa eine gute Adresse. Angeboten werden vorwiegend mediterrane Speisen, darunter einige leckere Fischgerichte. Wer auf deutsche Küche nicht verzichten mag, bestellt hausgemachte Maultaschen mit Kalbs- bzw. Fischfüllung.

Las Gaviotas

Am Rande der Wüstenlandschaft hat sich auch der Club Aldiana ein Fleckchen gesucht. Er fand es auf einem Kap überm Meer und ließ kleine weiße Kubenhäuser errichten – dazwischen viel Grün: Palmen, Hibiskussträucher und Bougainvilleen. In der Folge hat sich auch die Hotelkette Iberostar hier postiert. Wem die städtische Struktur fehlt, setzt sich kurzerhand in den Bus und fährt nach Jandía und Morro Jable – oder läuft am Strand entlang (nur 30–40 Minuten).

> **Aldiana** €€€ <101> Tel. 928169870, www. aldiana.de. Renovierter, schön begrünter Club mit vielen Sportangeboten. Allein für Tennisspieler stehen zwölf Quarzsandplätze zur Verfügung, es gibt Fahrradverleih, aber auch geführte Touren.

> **Iberostar Fuerteventura Palace** €€€ <102> Pasaje Playa 1, Tel. 928540444, www.iberostar.com. Großzügig und modern konzipiert, liegt direkt am Strand. Unterhaltung wird groß geschrieben (Piano-Bar, Disco), eine Tauchschule befindet sich im Hotel.

64 Morro Jable, Jandía ★★★ [D14]

Das einstige Fischerdorf Morro Jable zählt heute 4000 Einwohner und ist mit dem neu entstandenen Touristenmekka Jandía zur größten Stadt des Südens verschmolzen. Morro, wie es von den Bewohnern meist nur genannt wird, erstreckt sich von der Meerespromenade an der Playa Chica 65, dem „kleinen Strand", über die angrenzenden Fußgängerstraßen den Hang hinauf. Zu den inzwischen aufpolierten Fischerkaten kamen in den letzten Jahrzehnten viele neue Häuser hinzu. Einheimische eröffneten Lebensmittel- und Modegeschäfte und stiegen in die Zimmer- und Autovermietung ein. Neben den zu Wohlstand gekommenen Insulanern leben hier Köche, Kellner, Zimmermädchen und Rezeptionisten, die in den Bettenburgen Jandías Arbeit gefunden haben.

Obwohl der Ort keine Gemeindehauptstadt ist, verfügt Morro über eine eigene Polizeistation sowie ein Gesundheits- und Kulturzentrum. Individualtouristen, die am Leben der Einheimischen teilhaben wollen, fühlen sich hier wohl. Über den ganzen Ort sind kleine Pensionen und schmucke Apartmenthäuser verteilt.

Eine schön ausgebaute Promenade führt von der Lokalmeile der Playa Chica in 20 Minuten zum Ferienzentrum Jandía. Es liegt zu Füßen einer kargen, bis zu 800 Meter aufragenden Gebirgskette, die die kühlen Nord- und Nordwestwinde fernhält und dafür sorgt, dass hier die höchsten Temperaturen auf Fuerte gemessen werden. Jandía hat einen schier endlosen, sich nordwärts über Esquinzo bis Costa Calma 60 erstreckenden Sandstrand und bietet **ausgezeichnete Bade- und Wassersportmöglichkeiten.**

Jandías Hauptstraße ist die vierspurige, parallel zur Küste verlaufende **Palmenallee Avenida del Saladar.** Sie wurde mit fünf Kreiseln „geschmückt", der Mittelstreifen ist mit Hibiskus bepflanzt. Zur Küste hin hat man einen Rad- und Fußgängerweg angelegt, von dem man über **Salzwiesen** 67 (El Saladar) zum Strand schaut. Ende der 1980er-Jahre hat man den gesamten Küstenstreifen unter Naturschutz gestellt, nur die Errichtung eines Leuchtturms wurde genehmigt. Die einzigen „Strandhotels" sind älteren Datums und befinden sich am südlichen Ortsrand.

Landeinwärts bietet sich kein so idyllisches Bild. Hotels und Apartmenthäuser wechseln ab mit Einkaufszentren, Souvenirläden, Supermärkten und Spielhallen. Hinter den Zentren „stapeln" sich die Häuser terrassenförmig den Hang hinauf – jedes Jahr etwas höher, damit, wie es heißt, noch mehr Touristen „den herrlichen Ausblick aufs Meer genießen können".

Strände

Der Strand von Jandía, oft als **Playa del Matorral** bezeichnet, ist das **Schmuckstück der 20 Kilometer langen Playas de Sotavento.** Er ist breit, weiß und feinsandig, fällt flach zum Meer hin ab. Zwar sind die Zeiten vorbei, da man sich mutterseelenal-

▷ *Abendstimmung an der Promenade von Morro Jable, davor die Playa Chica*

036fu Abb.: gs

lein in der Sonne rekeln konnte, doch noch immer gibt es für jeden Besucher genügend Platz. Und selbstverständlich darf auch hier ein weitläufiges Revier für Freunde des hüllenlosen Badens nicht fehlen. Eng werden kann es in der Hochsaison westlich des Leuchtturms – im dortigen Hinterland sind große Hotels dicht aneinander gebaut, Tausende von Gästen strömen dann zusammen.

Der Strand wird sauber gehalten und mit Argusaugen bewacht, ca. alle 500 Meter sitzt ein Baywatcher. An den drei Zugängen zum Strand (Robinson Club, Leuchtturm, Walskelett) gibt es sanitäre Einrichtungen. Wer die UV-Strahlen fürchtet, mietet einen Sonnenschirm, für Erfrischung sorgen Beachbars.

Wer gut zu Fuß ist, wandert vom Leuchtturm nordostwärts. Vorbei an Felsklippen, Dünen und Lagunen erreicht man in etwa fünf Stunden Costa Calma **60**.

65 Playa Chica ★ ★ ★   [S. 76]

Das Herzstück Morros ist die Playa Chica am **ehemaligen Fischerhafen** mit einem schmalen, künstlich aufgeschütteten Sandstrand.

Wo früher die Männer ihren Fang an Land brachten und Netze flickten, steht heute **ein Lokal neben dem anderen**. Vom Mittag bis zum späten Abend boomt das Geschäft, es riecht nach gegrilltem Fisch, Knoblauch und Koriander. Die Touristen sind vom „Lokalkolorit" begeistert. Sie entdecken hier das Pendant zur künstlichen Ferienwelt von Jandía und sind bereit, für frischen Fisch und uriges Ambiente etwas tiefer in die Tasche zu greifen.

Spaß macht es auch, am Westende der Promenade dem aufwärts führenden Treppenweg zu folgen. Er führt zu einem **Aussichtspunkt**, der einen weiten Blick auf Morro Jable eröffnet. Nahebei steht die schlichte, moderne Pfarrkirche.

Jandía

0 ⬛⬛⬛⬛⬛ 300 m

Fußgängerzone

Teberite

Bentejuy **Oficina de**
Morro Jable **ℹ Información**
Turística
3 Ⓢ **4**
Ⓑ ⊕ **Apotheke**
5
Av. del Saladar
7

Las Afortunadas
Doramas
Montaña Perdida
Berdino
Estrella de Mar
Ⓑ ⊕ **6**

Playa del Matorral

🟥 **Übernachtung**
1 Ocean World
2 Stella Canaris (z. Z. geschl.)
6 Faro Jandía
7 Robinson Jandía Playa

🟦 **Aktiv**
1 Tauchschule
   Ocean World
4 Senda Ventura

🟦 **Essen und Trinken**
1 Ocean World
7 Playa Vista

🟩 **Einkaufen**
3 Mercadillo (Markt)
5 Fundgrube

🔴 **Puerto** ⭐ [C14]

Westlich von Morro entstand in den 1980er-Jahren ein **neuer, großer Hafen**. Fährschiffe sorgen für die Verbindung zur Nachbarinsel Gran Canaria, man sieht Fischerboote und Ausflugsschiffe, moderne Jachten und Schoner mit nostalgischem Flair. Auch ein U-Boot, das den Urlaubern Fuertes Unterwasserwelt näherbringen will, fährt hier jeden Morgen aufs Meer hinaus.

Die wenigen Fischer, die ihrer Tätigkeit noch nachgehen, sind in der Cofradía de Pescadores organisiert. Die Genossenschaft erhielt eine moderne Kühlhalle, wo der frische Fisch sogleich ausgenommen und an Hotels und Restaurants weitergegeben wird.

© Reise Know-How 2015

Colibri

Vinamar

El Viejo Barco

Biocho

Garajonay

Princesa Baya   Costa Calma

★ Walskelett

67 El Saladar

Faro de Jandía

Playa del Matorral

---

67 El Saladar ★★★ [S. 72]

An den Strand von Jandía schließen sich die naturgeschützten **Salzmarschen** an. Auf dem sandig-lehmigen, stark salzhaltigen Boden wachsen Pflanzen, die zusammen mit flachen Tümpeln und kleinen Dünen ein **einzigartiges Ökosystem** bilden. Bei Hochflut, die meist bei Vollmond eintritt, werden sie regelmäßig überschwemmt, sodass nur die größten Pflanzen herausragen. Wenn sich das Wasser zurückzieht, hinterlässt es verzweigte Flutrinnen und Priele, die **Vögeln als Futterplatz** dienen. Seiden- und Fischreiher staksen durch die Tümpel, manchmal sieht man auch den Löffler mit seinem spachtelähnlichen Schnabel oder hört den melodischen Ruf des Regenbrachvogels. Sind die Tümpel verdunstet, setzt sich auf dem Boden eine feine Salzkruste ab, auf der nur hochspezialisierte Pflanzen überleben.

Blickfang der Salzmarschen ist der **Leuchtturm,** an seinem Fuß sieht man statt einer Skulptur ein Skelett: Vor dem El Saladar „schwebt" das **Knochengerüst eines 16 m langen Pottwals.** 2005 war das Tier auf hoher See verendet und wurde an die Küste geschwemmt. Nun soll es an die bedrohte Meeresnatur erinnern …

Infos und Reisetipps

› **Oficina de Información Turística**
<103> Shopping Center Cosmo, Tel. 928540776, Mo–Fr 9–14 Uhr, im Winter 9–15 Uhr. Im Strandbereich finden sich außerdem zusätzlich Informationsstände, z. B. auf der Höhe des Robinson Clubs.

› **Bus:** Der Busbahnhof befindet sich im Norden von Morro (Calle Cervantes 4, Barranco del Ciervo). Längs der Hauptstraße von Jandía gibt es zahlreiche Bushaltestellen. Es bestehen Verbindungen

---

EXTRATIPP

Fiesta del Carmen

Alljährlich am 16. Juli wird die Schutzpatronin der Fischer mit einer **farbenprächtigen Bootsprozession** geehrt. Dabei wird die Heiligenfigur auf dem Wasser spazieren gefahren, Schaulustige winken ihr vom Ufer aus zu.

mit Costa Calma (Linien 1, 9, 10), La Lajita (25), Gran Tarajal und Tarajalejo (9), Puerto del Rosario (1, 10), Antigua (1) und Pájara (4, 9). Zusätzlich verkehrt ein Shuttle-Bus der Gemeinde zwischen Morro, Jandía, Las Gaviotas und Esquinzo. Der Bustransfer zum Flughafen (Linie 10) dauert gut 90 Minuten.

> **Fähre:** tägliche Verbindung mit Las Palmas auf Gran Canaria
> **Taxi:** Tel. 928541257 (Jandía), Tel. 928541257 (Morro)

Unterkünfte

■ **Ap. Igramar** €€ <104> Peatonal Las Gaviotas 3, Tel. 928166423, www.igramar. com. 39 zweigeschossige Apartments in zweiter Reihe zum Strand, unten mit Kitchenette, Wohnraum, Bad und Terrasse, oben mit Schlafzimmer und weiterem Bad plus Terrasse. Nr. 1 – 14 bieten über Hausdächer hinweg Meerblick, die anderen Aussicht auf den Pool. Ein Apartment ist behindertengerecht, über Rampen gelangen Rollstuhlfahrer zum Strand.

■ **Faro Jandía** €€€ <105> Av. del Saladar 17, Tel. 928545035, www.murhotels. com. Schon seit Jahren bekommt das siebenstöckige, nur durch die Straße vom Strand getrennte Hotel sehr gute Noten. Es liegt direkt gegenüber dem Leuchtturm *(faro)* und man es auch seinen Namen verdankt. Ausgestattet ist es mit viel Naturstein, geschwungenen Wänden und einer Prise Exzentrik. Das hauseigene „Theater", in dem Shows stattfinden, ist schön in die Aufenthaltsräume integriert. Die 214 Zimmer sind geräumig, am schönsten ab dem 5. Stock im Mittelteil mit großer Terrasse.

■ **Ocean World** €€ <106> Calle Flamenco 2, www.oceanworld-hotels.com, Tel. 928540324. Kleines Taucherhotel („Low Cost Diving") in dritter Strandreihe, dazu ein gutes Restaurant. Bei Sven und Udo gibt's Tapas-, Paella- und Grillabende auf der Pool-Terrasse (Tel. 928540834,

www.fuertefisch.de, Reservierung erwünscht).

■ **Robinson Jandía Playa** €€€€ <107> Av. del Saladar 6, Tel. 928169100, www. robinson.com. Ein Pionier unter den rund um den Globus verteilten Robinson Clubs. Als er 1970 am kilometerlangen Sandstrand errichtet wurde, war dies der einzige Bau weit und breit. Bis heute wird hier alles geboten, was Robinson auszeichnet: ein umfangreiches Sportprogramm, viel Animation und Wellness. Von den meisten der 360 Zimmer genießt man einen schönen Blick: entweder aufs Meer, zum Leuchtturm oder nach Morro Jable. Für alle, die aus dem Club „ausbrechen" wollen, werden Robinsonaden organisiert: Tages-Offroad-Touren zu Wanderdünen und einsamen Stränden.

■ **Stella Canaris** €€–€€€ <108> Av. del Saladar 23 (Valle de Vinamar), Tel. 928873452, www.stellacanaris.es. Das Stella Canaris ist eine kleine Stadt für sich mit mehr als 1000 Zimmern und Apartments, z. Zt. geschlossen.

Essen und Trinken

Wer in Jandía wohnt und der künstlichen Urlaubswelt überdrüssig wird, unternimmt einen Abstecher ins ursprünglichere Morro Jable, wo sich an der Playa Chica ein Lokal an das nächste reiht.

■ **Avenida del Mar** €€ <109> Av. Tomás Grau Gurrea 1 – 3, Tel. 928541312, 11 – 23 Uhr, wechselnder Ruhetag. Terrassenlokal an der Promenade mit kanarischer Kost, dank der schönen Lage stets gut gefüllt. Empfehlen kann man die Gambas in Knoblauchöl.

▷ *Von den Apartamentos Coronado hat man einen tollen Blick auf Strand, Meer und Morro Jable*

EXTRATIPP

Schöner wohnen

Hier kann man sich bestens erholen! Die großzügige und tadellos gepflegte Anlage Coronado bietet 20 sehr geräumige Apartments, durch deren Panoramafenster man aufs Meer blickt. Helle Polstermöbel und beige Stoffe verstärken das „südliche Wohngefühl". Standard sind Flachbild-Sat-TV, CD-Musikanlage und Gratis-WLAN. Ein Wohnbereich für sich ist die weitläufige Terrasse mit gepolsterten Sitzbänken, Liegestühlen und einer amerikanischen Bar. Über einen Treppenweg gelangt man in nur zwei Minuten zum Strand, der sich unterm Haus zu einer Düne aufwirft. Ideal fürs Morgenbad!

■ **Coronado** €€€ ‹112› Calle Arena s/n, Tel. 928541174, buchbar in Deutschland über Solitour, Am Weinberg 1, 32756 Detmold, Tel. 05231 65533, www.solitour.com

037fu Abb.: gs

■ **Coronado** €€€ ‹110› Calle El Sol 14, www.restaurantecoronado.es, Tel. 928541174, tgl. außer Mi ab 18 Uhr. Eines der beliebtesten Restaurants im Inselsüden. Die mediterrane Küche bietet neben spanischen Spezialitäten eine Auswahl von Köstlichkeiten, wie z. B. Tartar vom galicischen Wildlachs mit Limettencreme oder zartes, im Ofen geschmortes Lammkaree mit grünen Bohnen, Rosmarinjus und Kartoffelgratin. Als Dessert empfiehlt sich vielleicht eine Crème Brûlée oder Crêpe Suzette. Die Weinkarte ist groß und umfasst ausschließlich spanische Tropfen. Man sitzt bequem im klimatisierten Restaurant, in der großen Bar oder auf der überdachten Terrasse vor dem blau schimmernden Pool. Eine Tischreservierung ist empfehlenswert. Jeden Donnerstag gibt es kanarische und lateinamerikanische Livemusik.

■ **La Farola del Mar** €€€ ‹111› Av. del Mar s/n, Peatonal La Chalana, Tel. 661806096, tgl. 11.30–22 Uhr. Das Lokal liegt wenige Schritte von der Promenade in Morro Jable am Treppenweg Richtung Aussichtspunkt und Kirche. Bei

Morro Jable

⊕, Ⓑ,
Jandia

Carretera General FV-2

⚓ *Puerto* 66,
⛴ *Schiffsanlegestelle,*
Punta de Jandia,
Cofete

Esquinzo Guadarfia

Maxorata

Manuel Velázquez Cabrera

Nuestra Señora del Carmen

Av. de la Constitución

Matasca

Av. del Faro

Guadafira

⊕
Apotheke

Av. Jandia

Ⓑ

San Juan

Cardón

Matasca

Los Guanches

Plaza
Cirilo López

Balandro

Altavista

ℹ️

5

4

Av. Tomás Grau Gurrea

3

★*Aussichtspunkt*

Playa Chica
65

Fußgängerzone

0   100 m   ©Reise Know-How 2015

⊕, Ⓑ, ⚓ *Puerto,*
Punta de Jandia, Cofete

■ **Übernachtung**
1 Ap. Coronado
2 Ap. Igramar

■ **Essen und Trinken**
1 Coronado
3 La Strada
4 Avenida del Mar
5 La Farola del Mar

■ **Einkaufen**
6 Mercado Municipal
7 Supermercado Padilla

Mascónas

Carretera General FV-2

Mascónas

Buenavista

Las Gambuesas

Jandia

Jandia

**Super-
markt**

● **Polizei**

**Tank-
stelle**   Canarias

Av. Tomás Grau Gurrea

Fußweg Jandia

Playa de la Cebada

⊕, Ⓑ, ⚓ *Puerto* 66,
Punta de Jandia, Cofete

0   200 m

Carretera General

**Tank-
stelle**

FV-2

Jandia

038fu Abb.: gs

Lukas und Ralf geht es entspannter und freundlicher zu als in vielen Lokalen am Paseo. Über die Terrasse blickt man auf einen kleinen vorgelagerten, durch Felsarme geschützten Strand. Drinnen nimmt man in blau-weißem, maritimem Ambiente Platz. Profikoch Ralf bereitet leckere Süppchen, Vorspeisenvariationen und Salate zu, vielleicht noch besser sind die jeweiligen „Spezialitäten des Tages".

■ **La Strada** €€ ‹113› Calle San Juan 14, Tel. 928166757, tgl. außer Do 18–22 Uhr. Dieses Lokal in einer Seitengasse der Uferpromenade empfiehlt man gern: Hier genießt man frische, fantasievolle Küche – drinnen in mediterranem Ambiente oder draußen auf der Terrasse. Simone serviert feine Fisch- und Fleischgerichte, die sich vom Einerlei vieler Lokale an der Promenade wohltuend abheben: gefüllte „Lachs-Pralinchen" oder Seehecht *(merluza)* auf Champagnersoße oder mit Ziegenkäse gratiniertes Lammkarree mit Rosmarinjus. Gern steuert Koch Mehmet Orientalisches bei, so finden sich auf dem Vorspeisenteller Zucchini-Möhren-Taler und Humus, Auberginen- und Paprikamousse. Bevor

man das Lokal verlässt, sollte man sich die Wandfotos anschauen: Sie zeigen Morro Jable anno dazumal, Zeugen der vortouristischen Zeit.

■ **Playa Vista** € ‹114› Plaza Don Carlos, Tel. 928166460, Mo–Sa ab 12 Uhr. Lockeres Ambiente, leckeres Essen: Bei Bianka und Zimsl gibt's Süppchen von Kürbis- bis Karottenkokoscreme, Würstchen von Wiener bis Curry. Und das „Schwabentöpfle" macht für einen vollen Tag satt: im Gusseisenkessel geschichtete hausgemachte Spätzle, Gemüse, Schweinefilet und als Sahnehäubchen Pilzsoße.

Einkaufen

Entlang der 2 km langen Hauptstraße Jandías findet man Supermärkte, Sport- und Klamottenläden. Viele Urlauber, die in Jandía ein Apartment gemietet haben, fahren nach Morro Jable zum Supermarkt Padilla oder zur Markthalle und decken sich dort mit Fleisch, Fisch und Gemüse ein.

■ **Fundgrube** ‹115› C.C. Palm Garden, www.fundgrube.es, tgl. 9.30–22 Uhr. Großes Souvenirgeschäft mit Kosmetika, Tabakwaren und Likören.

EXTRATIPP

Zum Pico de la Zarza

Vom Hotel Barceló Jandía Playa (am Ostrand des Orts) folgt man der Straße 750 m bis zu ihrem Ende hinauf, wo nahe einer weißen Zisterne ein mit Wegweisern markierter **Wanderweg** startet. Er führt zum **höchsten Gipfel der Insel**, dem imposanten, oft wolkenverhüllten Pico de la Zarza (807 m). Für die Anstrengung wird man mit einem grandiosen Weitblick belohnt (hin und zurück 16 km, gut 5 Std. Dauer, gute Kondition erforderlich, keine Verpflegungsstation unterwegs, daher Wasser und Proviant nicht vergessen!).

■ **Mercadillo** <116> Av. del Saladar s/n, Do 8–13 Uhr. An der Ortsgrenze zu Morro Jable, direkt gegenüber vom Robinson Jandía Playa, liegt der Wochenmarkt, auf dem Kunsthandwerk, Trödel und Kitsch feilgeboten werden.

■ **Supermercado Padilla** <117> Boulevard El Timón s/n. Großer und preiswerter Supermarkt mit allem, was man zum Zubereiten eines guten Essens im eigenen Apartment braucht. Täglich frischer Fisch, aber auch Wein und Spirituosen sowie Tabakwaren.

Nachtleben

Die Komforthotels bieten Musicals und Flamencoshows, Tanz und Varieté, doch ansonsten ist das Angebot in Jandía erstaunlich begrenzt. In Morro Jable herrscht beste Stimmung in den Fußgängergassen, die von der Küstenpromenade abgehen.

◁ *Plausch unterm Pottwal (s. S. 73) in Jandía*

68 Puertito de la Cruz ★★★   [A14]

Die **einsame Westspitze** Fuertes ist das Ziel, dafür sollte man ab Morro Jable 45 Minuten Fahrt im teuren Jeep oder – falls dieser eingesetzt wird – im klimatisierten Mercedes Unimog der Gemeinde einplanen. Der Abenteuertrip führt am Fuße des steil aufragenden **Jandía-Massivs** entlang – eine wilde und versteppte Landschaft, in der man sich über jede Pflanze und jedes Lebenszeichen freut.

Bevor es zum Hafen 66 hinabgeht, zweigt rechts eine zur „Punta de Jandía" ausgeschilderte Straße ab, die sich bald in eine Holperpiste verwandelt. Nach sechs Kilometern Ödnis ist der Weiler **Casas de Jorós**, eine ehemalige Tomatenanpflanzung, erreicht. Hier befand sich früher die einzige Quelle weit und breit.

An der **Cofete-Gabelung (km 11,5)** hält man sich links und erreicht nach insgesamt 20 Kilometern **Puertito de la Cruz**. Am Ortseingang steht ein futuristisches Windrad, das den „kleinen Hafen des Kreuzes" mit Strom versorgt. Dahinter, zwischen sandverwehten Straßen, stehen Fischerkaten. Ein Hauch von Wildwest liegt über dem Ort. Die knapp 20 Bewohner leben vorwiegend von den sich zur Mittagszeit hierher verirrenden Touristen und im Sommer auch von den Grancanarios, die in Wohnwagen Urlaub machen. Zwei Lokale buhlen mit fast identischem Angebot um die Gunst der Gäste – immer dabei *pescado fresco,* der in der geschützten Bucht das ganze Jahr über gefangen wird.

Eine 1,5 km lange Asphaltstraße führt zum 16 Meter hohen **Leuchtturm** *(faro)* an der **Punta de Jandía**,

der Südwestspitze der Insel. Seit 1850 warnt er vorbeifahrende Schiffe vor tückischen Riffs im Küstengebiet. Erst wurde er mit Öl, dann mit Petroleum betrieben, seit 1986 läuft er vollautomatisch mit Solarenergie. 2009 wurde im Leuchtturm ein Museum eingerichtet, in dem Luftaufnahmen der Insel Fuerteventura zu sehen waren. Beim letzten Besuch war es geschlossen – noch ist nicht entschieden, was in den kommenden Jahren hier ausgestellt werden soll

Auch ein Abstecher in nördliche Richtung lohnt. Eine 4,4 km lange Straße (leider in schlechtem Zustand) führt von Puertito – vorbei an einer verwaisten Landepiste – zur **Punta Pesebre**, dem „Kap der Futterkrippe". Ein kleines Leuchtfeuer weist auch hier Schiffen den Weg, von seiner Plattform bietet sich ein herrlicher Blick hinüber zu den „unberührten" Stränden von Cofete.

⌂ *Playas de Barlovento (s. S. 82) - so einsam, dass hier Schildkröten schlüpfen dürfen*

039fu Abb.: pa

69 Cofete ★★★ [C13]

Von der Holperstraße nach Puertito de la Cruz zweigt bei km 11,5 (s. S. 79) die Piste nach Cofete ab. Zwei Kilometer weiter steht man an einem **Pass mit grandioser Aussicht:** Von der windgepeitschten **Degollada de Agua Oveja** schaut man über zerfurchte, rampenartige Hänge aufs Meer, sieht den mächtigen, aus den Fluten ragenden Roque del Moro und die schier **endlosen Strände**, an denen weiß schäumend die Wellen ausrollen.

Auch Cofete ist schon zu sehen: ein kleines Nest inmitten der Steinwüste, zu dem sich die Piste über sechs Kilometer hinabschraubt. Kaum vorstellbar, dass Cofete bis ins 20. Jahrhundert hinein wichtigster Ort der Halbinsel Jandía war – über 100 Bauern und Ziegenhirten lebten hier. Am Strand hat man die Toten der gesamten Halbinsel beigesetzt. Erst 1980, als sich immer mehr Menschen in Morro Jable ansiedelten, gab man diesen Brauch auf. Heute wirkt der Weiler fast ausgestorben, doch für

EXTRATIPP

Robinson-Strände am Südwestzipfel

Von der Schotterpiste an der Südküste der Halbinsel westlich von Morro Jable (Richtung Puertito de la Cruz) zweigen holprige Fahrwege zu **einsamen kleinen Buchten** ab:

> **km 8,3:** Die **Punta del Viento** (ausgeschildert) liegt an einer Kiesbucht am Fuß dunkler Klippen. Bei starkem Wind bietet ein festungsartiger Kalkofen Schutz.

> **km 11,2:** Etwa 300 m vor der Cofete-Gabelung zweigt ein Fahrweg links ab zur weißsandigen **Playa de Juan Gómez** am Ausgang des gleichnamigen Tals.

> **km 15,5:** Die Abfahrt zur **Punta de las Salinas** ist ausgeschildert. An der Gabe-

lung nach 500 m hält man sich links und erreicht nach weiteren 400 m den Strand. Bei Ebbe bilden sich weiße, mit vielen Muscheln geschmückte Sandbuchten heraus. Sie sind von schwarzen Felsarmen eingefasst und meist menschenleer – ein idealer Platz für ein abgeschiedenes Picknick.

> **km 20:** In Puertito de la Cruz zweigt ein Sträßlein rechts ab zur **Punta Pesebre.** Unterhalb der Steilküste und nur zu Fuß erreichbar liegt ein hübscher Sandstrand, die **Playa de Ojos.** Das Baden ist hier gefährlich!

Nazi-U-Boote vor Jandías Küsten?

Die **Ruinen einer geheimnisvollen Villa** in Cofete, eine versandete Flugpiste an der Punta de Jandía – das ist alles, was von der deutschen „Atlantischen Industriegesellschaft" übrig blieb. Lang liegt ihr Wirken zurück, doch die Akten bleiben unter Verschluss. So weiß man bis heute nicht genau, welchem Zweck die „Industriegesellschaft" diente. Bekannt ist, dass der deutsche Militäringenieur **Gustav Winter**, Spezialist für U-Boot-Bau, 1937 die gesamte Halbinsel Jandía im Auftrag der deutschen Regierung pachtete. Unmittelbar danach wurde die Region abgeriegelt und bewacht.

Bekannt ist auch der **historische Kontext:** Das faschistische Franco-Spanien war im Zweiten Weltkrieg „nicht kriegführend", stand aber an Hitlers Seite. Nach der Besetzung Frankreichs durch die Deutschen erhoffte es sich Beutestücke aus dessen afrikanischer Konkursmasse, zugleich sollte den Briten Gibraltar abgejagt werden. Als Gegenleistung erlaubte Franco deutsche Militärpräsenz auf spanischem Boden, allerdings nur, solange diese nicht den Argwohn der Alliierten erregte.

Was aber hatten die Deutschen im Atlantik vor? Der **U-Boot-Krieg** machte Stützpunkte zur Versorgung der Schiffe nötig, und so liegt die Vermutung nahe, an der einsamen Küste Cofetes sei eine **Militärbasis** geplant gewesen. Zu ihrem Bau ist es nicht mehr gekommen. Denn schon 1941, als Deutschlands Siegeszug durch Europa gebremst wurde, schwenkte Franco um: Die deutsche Präsenz, so hieß es nun, müsse zurückgefahren werden, denn sie provoziere eine britische Militärintervention auf den Inseln.

Als 1962 der Pachtvertrag auslief, wurde Winter dank einer persönlichen Intervention Francos zum Besitzer von über 2000 ha Land. Noch bevor er 1971 starb, verkaufte er bei Morro Jable Parzellen an deutsche Touristikunternehmen. Seine Erben veräußerten den Rest für umgerechnet 3 Mio. €. Heute besitzt die Halbinsel den vielfachen Wert. Vielleicht entsteht hier bald ein Luxushotel ...

Abenteurer steht eine Bar bereit (tgl. 11–18 Uhr) und für Liebhaber des Komforts wahrscheinlich schon bald ein Hotel. Dies zumindest plant die kanarische Firma Lopesan, die die am Hang thronende **Villa Winter** (Exkurs s. o.) aufgekauft hat und renovieren lassen will.

Vorerst aber bleibt dies ein gänzlich untouristischer Flecken. Die **Playa de Cofete** ist ein Traumstrand, feinsandig und hell, von den Nachbarstränden durch ein vorspringendes Kap getrennt. Dieses trägt offiziell den Namen „El Islote", doch die Einheimischen kennen es nur als „Roque de las Siete Mujeres" („Fels der sieben Frauen") – in Erinnerung an sieben junge Mädchen, die hier bei einem Bad ertranken.

Jenseits des Kaps folgen die **Playas de Barlovento**, unberührt und über zehn Kilometer lang. „Barlovento" bedeutet „Luvseite", den Winden zugewandt. Nicht nur aufgrund der hohen Wellen, auch wegen der Unterströmung ist das Baden hier jedoch sehr gefährlich.

FUERTEVEN-TURA AKTIV

045fu Abb.: kw

Mit seinen kilometerlangen, goldgelben Sandstränden ist Fuerteventura ein wahres Badeparadies – keine andere Kanareninsel kann mit ihr konkurrieren. An der Playa Barca **62**, *dem „Hawaii Europas", treffen sich die weltbesten Surfer und jene, die es werden wollen. In den Ferienorten kann man tauchen, segeln und zu Bootstouren starten.*

Ein großes Sporthotel entstand in Las Playitas an der Ostküste der Insel. Freizeitsportler, aber auch Profis kommen ins **Playitas-Resort** (s. S. 57), um sich fit zu machen.

▱ *Liegen und Schirme können tageweise gemietet werden*

◁ *Vorseite: im Pro Center René Egli (s. S. 88) in Playa Barca*

Baden

Baden ist an der Ostküste das ganze Jahr über möglich – die **Wassertemperatur** liegt auch im Winter bei 17–20 °C. Dazu gibt es auf Fuerte so viele **Sonnenstunden** wie auf keiner anderen kanarischen Insel. Die Strände sind 55 Kilometer lang und vorwiegend hell, besonders schön südöstlich von Corralejo **7** sowie zwischen Costa Calma **60** und Jandía **64**.

An allen viel besuchten Stränden werden farbige **Flaggen** gehisst, die man beachten sollte. Bei Rot heißt es: Baden verboten, bei Gelb wird zu Vorsicht gemahnt, und nur bei Grün darf man unbesorgt ins Meer gehen – bitte aber nicht zu weit hinausschwimmen! Vor allem an der Westküste sollte man aufpassen – die starke **Strömung** hat schon manch einen

EXTRAINFO

Portugiesische Galeeren und andere Quallen

Im Winterhalbjahr kann es geschehen, dass sich ein Geschwader Portugiesischer Galeeren der Küste nähert. Der Körper darf mit diesen blauen Quallen, erkennbar an ihren aufgeblähten Segeln, nicht in Berührung kommen: Ihre **Nesselfäden verursachen Verbrennungen,** manchmal auch **Lähmungserscheinungen!**

versierten Schwimmer mitgerissen! Die **Gezeitentabelle** findet man z. B. auf der Website www.fuerteventura magazinehoy.com (→ Wetterkunde).

Das **Nacktbaden** wird auf Fuerte vielerorts geduldet. Nicht nur an kleinen einsamen Playas, sondern auch an den Dünenstränden von Corralejo ❼ und Jandía ❻❹ gibt es Abschnitte, an denen die letzten Hüllen fallen dürfen. Erstes FKK-Resort der Insel ist das unter deutscher Leitung stehende Apartmenthaus Monte Marina in Esquinzo (s. S. 69).

Wassersport

Tauchen und Schnorcheln

Der Fischreichtum macht Fuerte zu **einem der besten Tauchreviere der Kanaren.** Es gibt spektakuläre Grotten, Schluchten und Unterwasserriffs. Ob bei Schnorcheltrips, Tauchgängen oder Night Dives – immer wieder entdeckt man herrliche Spots, an denen man handzahmen Zackenbarschen und scheuen Muränen, aber auch Delfinen und Barrakudas begegnet.

Die **schönsten und sichersten Reviere** liegen an der Meerenge zwischen Fuerteventura und Lobos ❶❷ sowie südlich von Caleta de Fustes ❹❼ und vor dem Leuchtturm von Jandía ❻❹.

Die **Tauchschulen** der Ferienorte (s. u.) bieten Tauchkurse vom Anfänger bis zum Divemaster und geführte Tauchgänge. Voraussetzung für die Teilnahme ist ein ärztliches Attest, das mindestens noch sechs Monate gültig ist. Die Schulen verleihen Schnorchel, Maske und Flossen, auf Wunsch auch eine komplette Ausrüstung mit Anzug, Lampe und Sauerstoffflasche. Nicht vergessen: Aufgrund der Druckunterschiede darf man binnen 24 Stunden vor dem Rückflug keinen Tauchgang mehr unternehmen!

Top-Dive-Spots

❯ **El Bajón del Río:** 18 m hinabreichender Kanal in der Meerenge vor Lobos ❶❷, mittendrin liegen bizarr geformte „Lavapilze".

❯ **La Catedral:** nördlich von Ajuy ❸❾, schwieriger Einstieg vom Lande (nur bei ruhiger See möglich), fischreiche Höhlen in 12 m Tiefe

❯ **Las Salinas:** Unterwasserklippen südlich Caleta de Fustes ❹❼, bis zu 40 m tief, üppig bewachsen mit Anemonen und schillernden Korallen

❯ **Costa Calma** ❻❶: spannende Tauchplätze direkt vor der Küste, z. B. das Holzwrack eines havarierten Fischerbootes oder das 100 m lange Ansaugrohr einer Fischfabrik

❯ **Kleines und Großes Muränenriff:** Diese Spots liegen direkt vor dem Leuchtturm von Jandía ❻❹, 50 bzw. 100 Meter vom Strand entfernt. Das erstere Riff ist dicht mit Zylinderrosen und Peitschenkorallen bewachsen, letzteres fasziniert aufgrund steiler Unterwasserklippen und des großen Fischreichtums.

EXTRATIPP

Tipp für Kids: Sharky

So heißt die Schwimmschule, in der Kinder lernen, sich im Wasser angstfrei zu bewegen. Einige erwerben hier auch das „Seepferdchen" und das DJSA-Abzeichen in Bronze, Silber und Gold.

›	**Sharky im Hotel Fuerteventura Princess** <121> Calle Gran Canaria 13, Esquinzo, Tel. 928544307, www.matchpoint-world.de

Anbieter

›	**Deep Blue** <118> Muelle Deportivo, Caleta de Fustes, Tel. 928163712, www.deep-blue-diving.com. In der Strandschule nahe dem Hafen werden Kurse vom „Spaß-" bis zum „Expeditionstauchen" angeboten.

■	**Dive Center Corralejo** <119> Calle Nuestra Señora del Pino 22, Corralejo, Tel. 928535906, www.divecentercorralejo.com. Das Tauchzentrum verfügt über ein Hallenschwimmbad, Unterrichtsräume und Lehrmaterial in mehr als neun Sprachen, eine Reparaturwerkstatt und einen Tauchshop.

›	**Fuerte Divers** <120> Calle Agustín Millares 2, Hotel Costa Calma Beach, Costa Calma, www.fuertedivers.com, Mobiltel. 628017717. Die Schule wird von Simona und Kay Uwe engagiert geleitet. Das Kursprogramm deckt das ganze Spektrum vom Anfänger bis zum Fortgeschrittenen ab. Zwei Ausfahrten täglich, dazu Nachttauchgänge und Schnorchelausflüge.

›	**Ocean World** (s. S. 74): Low Cost Diving verspricht dieses auf Taucher zugeschnittene Hotel mit Tauchbasis, dass das ganze Jahr über Spezialangebote für Taucher bereithält.

Wellenreiten

Die **besten Spots** und wichtigsten **Wellenreitschulen** befinden sich in Corralejo ❼ im Norden und am na-

102fu Abb.: kw

turbelassenen Strand von La Pared ❻❶ im Südwesten. In Corralejo können schon Achtjährige das Wellenreiten erlernen, in La Pared beträgt das Mindestalter zwölf. Für Anfänger eignen sich die Monate März bis November, für Fortgeschrittene Oktober bis Juni.

Anbieter

■ **Ineika Funcenter** <122> Ap. Ineika, Nuestra Señora del Pilar s/n, Corralejo, Tel. 928535744, www.ineika.com. Sechstägige Wellenreitkurse à 5 Std. für Anfänger und Fortgeschrittene.

❯ **Waveguru Surfcamp und Surfschool** <123> Avenida del Ismo 17, La Pared, Tel. 928549122, www.waveguru.de. Für Kursteilnehmer besteht ein kostenloser Abholservice von Costa Calma, Esquinzo und Jandía.

Wind- und Kitesurfen

Optimale Bedingungen haben Surfer an den **Playas de Sotovento** an der Südküste. Der **Nordostpassat** (ablandig an den Stränden zwischen Los Gorriones und Jandía) weht an etwa 300 Tagen pro Jahr: fast immer im Juni, Juli und August (mit durchschnittlich sechs Beaufort), in den Wintermonaten aber nur etwa je-

den zweiten Tag. Als **Topspot** gilt der Küstenabschnitt von Playa Barca ❻❷ bis über Risco del Paso hinaus, eine Starkwindzone, in der sich der Passat beschleunigt. Der Schweizer Surfspezialist René Egli sagt, warum das so ist: „Der vorherrschende Nordostpassat wird auf Nordwest umgelenkt und muss sich zwischen zwei Bergzügen hindurchzwängen", was den Düseneffekt hervorrufe. Noch ein Stück weiter südwärts, an den Stränden von Esquinzo und Gaviotas, surfen die Cluburlauber von Robinson und Aldiana.

Wenn der launische Winterwind auf Ost schwenkt oder bei Tiefdruck gar auf Südwest, strömen die Surfer zur **Nordküste**. Man findet sie dann südlich vom Szeneort El Cotillo ❸, an der Punta Blanca, in Majanicho und an der Punta de la Tiñosa. An all diesen Orten gibt es weit und breit weder Rettungsboote noch eine Rot-Kreuz-Station. Sichere Bedingungen hat man erst wieder in Corralejo ❼. Die Wellen an der Nordküste sind bis Anfang März bis zu fünf Meter hoch, also nur für „Könner" geeignet, von März bis Mai lässt die Brandung nach. **Anfänger** sieht man das ganze Jahr über an der Lagune der Playa Barca und in der geschützten Bucht von Caleta de Fustes ❹❼.

Auch **SUP** (**S**tand **U**p **P**addle) und vor allem das **Kitesurfen** sind an der Playa Barca beliebt. An Land wird man mit der Kraft des Lenkdrachens vertraut gemacht, dann lässt man sich im „Bodydrag" (ohne Board) vom Kite durchs Wasser ziehen, um zu guter Letzt den Wasserstart zu üben.

Ein kompletter Surfurlaub inkl. Boards, Segelpaletten und Kursen kann im Voraus gebucht werden, u. a. bei Sun and Fun oder Neckermann. Meist wohnt man im Hotel Meliá Gorriones an der Playa Barca.

◁ *Fuerte bietet einige schöne Spots für Wellenreiter*

Anbieter

> **Pro Center René Egli** <124> Hotel Meliá Gorriones, Los Gorriones, Tel. 928547483, www.rene-egli.com. Das Kitecenter befindet sich am Fuß des Hotels, das Windsurfcenter 2 km entfernt am Südrand der Lagune Playa Barca – direkt in der „Sotavento-Düse", die den Passat um ein bis zwei Windstärken beschleunigt. Das flache Wasser, konstant stark wehender Wind und bis zu zwei Meter hohe Wellen sind ideal für Freestyler und Racer. Ein Shuttlebus, für Kursteilnehmer gratis, pendelt mehrmals täglich zwischen den Zentren und Costa Calma.

Dort befindet sich auch das **Beach House** (C.C. Botánico, www.beachhouse-fuerteventura.com), Infopoint und Buchungszentrale für Windsurfer und Kiteboarder.

> **Club Mistral Fuerteventura** <125> Mobil-tel. 661349689 und 667796688, www.club-mistral.com. Der Club hat seine Standorte vor dem Hotel Costa Calma Palace und in Risco del Paso.
> **Flag Beach Windsurf & Kitesurf** <126> Av. de las Grandes Playas s/n, Corralejo, Tel. 928866389, www.flagbeach.com
> ■ **Ventura Surf** <127> Av. Marítima 54, Corralejo, Tel. 928866295, www.ventura-surf.com
> **Fuerte Fun Center** <128> Paseo Marítimo del Castillo, Caleta de Fustes, Tel. 928535999, http://fuerte-surf.com. Der flach ins Wasser abfallende Strand und die weite, geschützte Bucht sind ideal für alle, die das Surfen lernen wollen. Die Schule befindet sich direkt am Strand.
> **Watersports Fuerteventura** <129> Tofio Resort Bahía Playa, Tarajalejo, Tel. 928875110, www.watersports-fuerteventura.com
> **Fuerte Fun Center** <130> Costa Calma (unterhalb des Hotels Monica Beach), Tel. 928535999, http://fuerte-surf.com

EXTRATIPP

Challenge Fuerteventura
Im April veranstaltet das Playitas-Resort (s. S. 57) den Wettkampf „Challenge Fuerteventura": 1,9 km Schwimmen, 90 km Radfahren und zum Abschluss 21 km Laufen – dem Sieger winkt eine hohe Prämie. Infos: www.challengefuerteventura.com.

Segeln und Bootfahren

Professionell geführte **Segelschulen** gibt es in Las Playitas 64 und Caleta de Fustes 47 sowie bei den Feriensclubs in Esquinzo-Butihondo, Las Gaviotas und Jandía 64. Gesprochen wird Deutsch oder Englisch.

Ausflugsboote starten von Corralejo 7 (nach Lobos und Lanzarote), Caleta de Fustes 47 und Morro Jable 64 (längs der Südküste, auch U-Boot). Mit etwas Glück sieht man unterwegs auch Wale und Delfine.

Bei **Hochseeangeltouren** werden Ausrüstung und Köder gestellt, beste Fangzeit sind die Monate Mai bis November. Die Reservierung erfolgt an der Hotelrezeption, in Reisebüros oder direkt im Hafen.

Anbieter
In Corralejo:
> **Isla de Lobos** <131> Muelle Deportivo, Mobil 699687294, www.islalobos.es. Direktverbindung nach Lobos zwei- bis dreimal täglich.
> **Celia Cruz** <132> Muelle Deportivo, Mobil 646531068. Der Anbieter betreibt einen Katamaran mit 16 Unterwasserfenstern.

In Caleta de Fustes:
49 [K8] **Oceanarium Explorer,** Oficina del Puerto, Tel. 928163514. Segelkurse und Meeresausflüge.

04 fu Abb.: gs

In Las Playitas:

❯ **Cat Company** <133> Mobil 616619313, www.catamaransegeln.de. Die von Deutschen geführte Segelschule ist im Sporthotel von Las Playitas stationiert. Interessierte Gäste werden von der Costa Calma kostenlos abgeholt.

In Esquinzo:

❯ **Wassersport-Center Robinson** <134> Tel. 928169539. Segelkurse für Anfänger und Fortgeschrittene sowie Materialverleih.

In Morro Jable:

❯ **Pedra Sartaña** <135> Muelle de Morro Jable, www.excursiones-barco-fuerte ventura.com. Das aufwendig restaurierte Schiff (Baujahr 1940) startet bei ruhiger See zu einer fünfstündigen „Piraten-Tour". Unterwegs lernt man, wie aus Schleppleinen Knoten und Angeln gefertigt werden, lässt sich auf einer aufgeblasenen Banane durchs Wasser ziehen und springt in einer ruhigen Bucht ins Meer.

❯ **Magic** <136> Muelle de Morro Jable. Segeltour auf einem modernen Katamaran.

❯ **Albakora** <137> Puerto de Morro Jable, Reservierung Tel. 928875630. Angeltrip mit max. sechs Gästen an Bord.

❯ **Subcat** <138> Puerto de Morro Jable, Reservierung Tel. 928166392, www. subcat-fuerteventura.com. Mit dem U-Boot fährt man 45 Minuten aufs Meer hinaus und erlebt beim Tauchgang von bis zu 30 m Tiefe eine subtropische Meeresfauna.

⊡ Ausleihstellen für Kanus – hier in Las Playitas – finden sich vor allem in den großen Ferienorten

Wandern

Praktische Hinweise

Wanderwege

Auch auf einer wüsten Vulkaninsel lässt es sich wandern – zahlreiche alte Wege wurden restauriert und nach internationaler Norm markiert. Auf dem **weiß-roten GR-131** (GR= *Gran Recorrido,* große Tour) durchläuft man die Insel 154 km von Nord nach Süd, allerdings streckenweise auf Asphalt und ohne Herberge. Besser für Urlauber geeignet sind die **weiß-gelben Wege** (**PR** = *pequeño recorrido,* kurze Tour) und die **weiß-grünen Wege** (**SL** = *sendero local,* lokale Kurztouren).

Beste Wanderzeit

Am meisten Spaß macht das Wandern in den Monaten **Dezember bis April,** dann sind die Temperaturen mild-gemäßigt und die kargen Hänge mit einem grünen Flaum bedeckt. Im Sommer kann es heiß werden, da es auf Fuerteventura bestenfalls Palmenhaine, aber **keinen dichten, schattenspendenden Wald** gibt. Den Rückweg sollte man an warmen Tagen auf die späten Nachmittagsstunden verschieben!

Ausrüstung

Ideal sind eingelaufene **Wanderschuhe** mit dicker Profilsohle und über den Knöchel gehenden Schaft, dazu eine leichte, strapazierfähige **Hose** und eine **Kopfbedeckung** gegen die Sonne.

In den Rucksack gehören, falls es unterwegs keine Einkehrmöglichkeit gibt, Wasser und Proviant, eine Sonnencreme mit hohem Lichtschutzfaktor, eine elastische Binde und Pflaster.

Gefahren

Es gibt auf Fuerteventura weder Schlangen noch Skorpione oder andere gefährliche Tiere. Vorsichtig sein sollte man aber an Herbstsonntagen (genaue Daten bei den örtlichen Touristeninfos erfragen), denn dann darf in Teilen der Insel „kontrolliert" **gejagt und geschossen** werden (*caza controlada*). Dauerhaft verboten ist das Jagen nur in den Naturparks von Corralejo und Lobos, in den Reservaten von Lajares und Vega de Río Palmas, an der Landenge von Jandía und im Barranco de la Madre del Agua.

Organisierte Touren

Die meisten Reiseveranstalter haben Wanderungen und ganze „Wanderwochen" im Programm. Sie kooperieren z. B. mit der Alpinschule Innsbruck, Krauland und Canary Trekking.

In deutscher Sprache werden Touren von den Veranstaltern Time for Nature (www.timefornature.de, Tel. 928872545) und Fuerte Scout (Mobiltel. 686088493, www.fuertescout. de) durchgeführt. Gewandert wird in kleinen Gruppen. Es gibt Halb- und Ganztagestouren, sie sind vorwiegend leicht, weisen eine Länge von 4 bis 13 Kilometern auf und beinhalten stets einen landestypischen Imbiss.

Wandern auf eigene Faust

Für alle, die lieber auf eigene Faust wandern, werden im Folgenden **abwechslungsreiche Touren** vorgestellt: die Umrundung von Lobos, der Weg durch eine grüne Palmenschlucht und der Klippenweg zur „Schwarzen Höhle". Alpine Erfahrung ist nicht vonnöten, die zu bewältigenden Höhenunterschiede halten sich in Grenzen. Die Wanderungen sind leicht bis mittelschwer, ein Grundmaß an Trittsicherheit und Kondition ist erforderlich.

Wanderung 1 – rund um die „Insel der Seewölfe"

> **Charakter:** Leichte Tour auf der naturge-
> schützten Insel Lobos **12** vor der Nord-
> küste Fuerteventuras. Man kommt vor-
> bei an türkisfarbenen Lagunen, „Vulka-
> nöfen" und Salzwiesen, am Ende lockt
> ein Bad an der weißsandigen Playa de la
> Concha („Muschelstrand"). Die Tour ver-
> läuft auf breiten, markierten Wegen ent-
> gegen dem Uhrzeigersinn – Verlaufen ist
> fast unmöglich. Die Hitze aber bitte nicht
> unterschätzen und Wasser mitnehmen!
> Zur Brutzeit der Möwen (April) sollte man
> auf die Besteigung der Montaña de la
> Caldera verzichten.
>
> **Ausgangs- und Endpunkt:** Anlegestelle
> Isla de Lobos, Verlauf s. Karte S. 92

> **Länge:** 9 km
> **Dauer:** 2:45 Std.
> **Höhenunterschied:** je 130 m im An- und
> Abstieg
> **Einkehr:** Eine Bar in El Puertito (unregel-
> mäßig geöffnet) bietet Getränke, einfa-
> che Snacks, manchmal auch frischen
> Fisch. Zelten nahe dem Strand ist offizi-
> ell nur mit Genehmigung der Umweltbe-
> hörde von Puerto del Rosario möglich.
> **Anfahrt:** Von Corralejo **7** starten vor-
> mittags ab 10 Uhr Fähren zur Isla de
> Lobos. Die Fahrt dauert ca. 15 Minuten.
> Nachmittags, z. B. um 16 Uhr, werden
> die Gäste wieder abgeholt (www.isla
> lobos.es und www.navieranortour.es).

Kurz hinter der **Anlegestelle** auf der Isla de Lobos (mit Besucherzentrum und Grindwalskelett) stößt man auf den **markierten Inselrundweg.** Folgt man ihm nach rechts, kommt man zum Weiler **El Puertito** (5 Min.), einer Handvoll Steinhütten oberhalb einiger Lagunen. Die örtliche Bar ist nur selten geöffnet.

Nordwärts geht es aus dem Dorf hinaus. Der Weg führt breit und bequem durch eine Lavalandschaft, in der sich ein paar salzliebende Pflanzen behaupten, z.B. das Meeresträubchen und der violett blühende Strandflieder. Nach wenigen Minuten – vorn ein Berg, auf den deutlich sichtbar ein Pfad hinaufführt – stößt man auf eine Gabelung, an der man sich nach Empfehlung der Umweltbehörde links hält. (Anm.: Schöner freilich ist es, rechts abzubiegen: Dieser Weg führt direkt zur Küste und schwenkt dann links auf den Hauptweg zurück.) Ein Genuss fürs Auge sind die so genannten **Salz-**wiesen *(Las Lagunillas),* die im Winter mehrfach überflutet werden. Die „Salzinjektion" übersteht nur die zwischen flechtenbewachsenen Steinen kauernde Kristall-Mittagsblume. Auf ihren fleischigen Blättern glänzen transparente, tropfenähnliche Papillen, die tatsächlich an Kristalle erinnern.

Man ignoriert in der Folge mehrere Rechtsabzweigungen, passiert eine Anpflanzung von **Sisalagaven** und erreicht schließlich den **Leuchtturm Faro de Lobos,** zu dem ein breiter Betonweg hinaufführt (1 Std.). Längst lebt hier kein Wächter mehr, das „Feuer" wird allabendlich von einem Computer entzündet. Vom Leuchtturm bietet sich ein weiter Blick über wellenumtoste Klippen bis zu den Papagayo-Stränden auf Lanzarote. Nicht minder schön ist die Aussicht zurück auf die „Insel der Wölfe" mit ihrer von kleinen „Vulkanöfen" übersäten Ebene. Dabei handelt es sich um Gasblasen, die die noch flüssige

Wanderung 1

Faro de Lobos

Playa del Sobrado

0   1 km

Isla de Lobos

Caleta del Palo

★ Sisalagaven

▲ 127 Montaña de la Caldera

Las Lagunillas Salzwiesen

E L   R I O

100 m

Playa de la Concha

El Puertito

Corralejo

Start 1   El Muelle

©REISE KNOW-HOW 2015

Lava an die Oberfläche quellen ließ, wo sie an der kühlen Luft erstarrten.

Anschließend geht man vom Leuchtturm hinab und hält sich an der Gabelung rechts. Nach einer Viertelstunde wird die Felsbucht **Playa del Sobrado** passiert, nach weiteren gut zehn Minuten unternimmt man auf einem gestuften und ausgeschilderten Weg einen Abstecher rechts hinüber zum Gipfel des Berges **Montaña de la Caldera** (30 Min. hin und zurück, 1:50 Std.). Aus dem Magma, das aus seinem Schlund emporschoss, hat sich vor über 6000 Jahren die Insel Lobos gebildet. Im Laufe der Zeit hat sich allerdings die Brandung das westliche Drittel des Kraters einverleibt – wie abgeschlagen mit der Axt fällt er deshalb zur Meerseite hin ab. Hier ist der Ausblick noch besser als vom Leuchtturm, er reicht bis zum Ajaches-Gebirge auf Lanzarote, in der Ferne erkennt man die weißen Häuser von Puerto del Carmen.

Zurück auf dem Hauptweg hält man sich weiter auf Südkurs und erreicht schließlich die **Playa de la Concha** (2:35 Std.), eine geschützte, halbrunde Bucht mit weichem, weißen Sand: ein ideales Plätzchen, um die Tour entspannt ausklingen zu lassen. Von hier sind es nur noch wenige Minuten zur **Anlegestelle**, dem Ausgangspunkt der Wanderung, von wo die Fähre gegen 16 Uhr nach Corralejo zurückfährt.

▷ *Wanderung 2: Blick auf die Tour aus der Vogelperspektive*

Wanderung 2 – zur Kapelle der Felsjungfrau

❯ **Charakter:** Erst geht es durch eine palmenbestandene Schlucht, danach vorbei an einem Stausee zur „Wallfahrtskapelle im Fels" – bis hier die wohl schönste Inseltour! Durch einen trockenen Barranco, teilweise im Schatten von Palmen, gelangt man zu einem schwarzen Strand mit verschiedenen Restaurants.

❯ **Ausgangspunkt:** Vega de Río Palmas **37**, Verlauf siehe Faltplan [G/H8]

❯ **Zwischenziel:** Ermita de la Peña

❯ **Endpunkt:** Ajuy **39**

❯ **Länge:** 8,7 km (nur Hinweg)

❯ **Dauer:** 3:15 Std.

❯ **Höhenunterschied:** 280 m im Abstieg, 30 m im Aufstieg

❯ **Einkehr:** Restaurants in Vega de Río Palmas und Ajuy

❯ **Anfahrt:** Vega de Río Palmas ist mit Bus 2 erreichbar. Der Endpunkt Ajuy ist nicht ans öffentliche Verkehrsnetz angeschlossen, man muss dort einen der vielen Tagesausflügler um eine Mitfahrgelegenheit bitten oder ein Taxi bestellen. Wer mit dem Auto unterwegs ist, fährt am besten vor bis zur Brücke (s. Beschreibung) und beschränkt sich auf den kurzen Trip zur Ermita de las Peñas.

❯ **Variante:** Für die Kurzwanderung zur Wallfahrtskirche benötigt man ab Parkplatz Brücke 45 Min. für eine Richtung, ab Ortszentrum Vega de Río Palmas 1 Std.

Vom **Kirchplatz** in Vega de Río Palmas folgt man der FV-30 Richtung Pájara und biegt nach 400 m rechts in das nach Vega de Río Palmas ausgeschilderte Sträßlein ein. Nach gut einem Kilometer quert man die **Brücke** über den Barranco de las Peñitas. Ab hier (Parkausbuchtung) geht es nur zu Fuß weiter. Man folgt dem Richtungspfeil SL-FV-6 (Vega de Río Palmas – Ajuy 8,7 km) und läuft auf einer Piste rechts des von Palmen und Tamarisken bestandenen Trockenbetts. Wenig später fließt die Piste ins Bett ein, der Weg wechselt mehrfach die Seiten.

Nach 20 Min. nimmt den Wanderer die Piste rechts wieder auf, 100 m weiter hält man sich links und passiert das Nordufer des **Stausees Presa de las Peñitas**. Ein befestigter Weg führt zur Staumauer: Nach einem regenreichen Winter ist der See mit schlammigem Wasser gefüllt, bleibt der Regen aus, präsentiert er sich als große Trockenfläche; nur das Schilfrohr weist dann auf die zeitweilige Existenz von Wasser hin.

Das Tal verengt sich zum **Barranco del Mal Paso**, aufgrund des glatten, schwer begehbaren Gesteins „Schlucht des schlechten Durchgangs" genannt. Von der Staumauer eröffnet sich ein toller Ausblick auf die dahinter liegende schmale Schlucht mit einzelnen Palmen und sonnenausgeglühten Bergkuppen der Westküste. Der steingepflasterte Weg führt in der Folge an Felswannen vorbei, in denen sich Wasser sammelt.

Am Ausgang der Felsschlucht liegt knapp unterhalb des Weges die **Ermita de las Peñas** (1 Std.): eine weiße, in den Fels gekerbte Wallfahrtskapelle, die meist offen steht. Der dunkle Raum ist mit Graffiti der zahlreichen Besucher übersät, in einer Nische liegen Heiligenbilder sowie Gästebücher voller Wünsche, Bitten und Danksagungen. Eine Kopie des Gemäldes „Entdeckung der Jungfrau durch den hl. Dracus" schmückt die Wand, das Original befindet sich im Kirchenmuseum von Betancuria **33**.

Welter nach Ajuy

Weiter geht es den schön angelegten, in den Fels gehauenen Weg hinab. Die Schlucht weitet sich zu einem Tal, auf dessen Grund hohe Palmen sprießen. In der Nähe eines verlassenen Gehöfts endet der Weg. Nun geht es längs eines mit einer Steinmauer verkleideten Wasserrohrs ins Talbett hinab, dem wir nach rechts folgen. An der linken Hangseite stehen die beiden noch bewirtschafteten und von Hunden bewachten Gehöfte von Buen Paso.

Nach gut eineinhalb Kilometern schwenkt der Barranco nach rechts und verläuft parallel zur Straße Richtung Ajuy (FV-621). Nach weiteren knapp zwei Kilometern mündet von rechts der **Barranco de la Madre del Agua** (2:35 Std.): ein herrlich grüner Flecken mit Schilf und alten Palmen. Um nach Ajuy zu gelangen, hält man sich links und schwenkt auf Westkurs ein. Sieht man nach gut 500 Metern rechts am Hang ein Ziegengehöft, geht man über die Piste links hinauf zur Straße. Auf dieser erreicht man nach weiteren 1,4 Kilometern das Fischerdorf **Ajuy** (3:15 Std.).

⊳ *Abstieg in die „Schwarze Höhle"* *(Wanderung 3)*

Wanderung 3 – Klippenweg zu den „Schwarzen Höhlen"

› **Charakter:** Die spektakuläre, seit 2014 gebührenpflichtige Tour führt über weiße Kalkterrassen zu bizarr durchlöcherten Klippen. Fortwährend hat man Ausblick auf das an die Küste brandende Meer.
› **Ausgangs- und Endpunkt:** Ajuy ❸❾, Verlauf siehe Faltplan [G8]
› **Länge:** 2 km (hin und zurück)
› **Dauer:** 1 Std.
› **Höhenunterschied:** 100 m
› **Anfahrt:** Ab Pájara (Bus 4/9) weiter mit Taxi oder per Anhalter, Autos können in Strandnähe abgestellt werden.

› **Einkehr:** Restaurants in Ajuy
› **Variante:** Wer den **Peña Horadada** („Durchlöcherten Fels"), einen 20 m hohen Felsbogen, kennenlernen will, hält sich auf dem Rückweg von der Höhle an der Gabelung beim Flachbau links und wandert parallel zur Küste nordwärts. Nach Umlaufen der Bucht von Caleta Negra wird eine kleine Schlucht (Barranco) gequert und ein Weidengatter passiert, wenig später ist der Fels an der Abbruchkante erreicht (hin und zurück zusätzlich 1 Std.).

An der Nordseite des Strandes von Ajuy steigt ein befestigter Weg zu einer **Kalkklippe** empor, wo sich ein erster schöner Blick auf die brandungsumtoste Küste bietet. Danach schwenkt der Weg nordwärts und führt an einer kalkweißen, überhängenden Felswand vorbei – das Meer hat sie im Laufe der Zeit freigewaschen. Wie aufgeschlagener, in der Bewegung erstarrter Schaum wirkt das Gestein. Wenig später kommt man nahe einem in den Fels eingelassenen Flachbau zu einer **ersten Gabelung:** Links geht es in weniger als 5 Min. hinab zu zwei Kalköfen und einer ehemaligen Verladestation (ausgeschildert: Embarcadero/Cantera hornos) – ein kurzer Abstecher, der sich wegen der Aussicht lohnt.

Wieder oben an der Gabelung folgt man dem zur Caleta Negra ausgeschilderten Weg längs der Klippen. Nach wenigen Minuten folgt eine **zweite Gabelung:** Links geht es über einen geländergesicherten Treppenweg zu den Cuevas de Caleta Negra hinab. Es lohnt sich aber, zunächst rechts zum **Mirador** hinaufzusteigen (20 Min.).

Vom ummauerten Aussichtspunkt bietet sich ein schöner Blick in die natürliche, oft brandungsumtoste Hafenbucht von Ajuy. Anschließend geht man zur Gabelung zurück und steigt auf einem steilen, aber gesicherten Treppenweg zur **Caleta Negra**, der „Schwarzen Höhle", hinab (30 Min.): Groß wie eine Kirche, dunkel und zerklüftet, ist sie einer der ungewöhnlichsten Flecken Fuertes! Durch ihr „Fenster" schaut man auf die Bucht.

Über einen Steig kann man in eine zweite, nicht weniger imposante Höhle kraxeln. Nach der Erkundung der Grotten geht es auf gleichem Weg nach **Ajuy** zurück.

044fu Abb.: gs

Wanderung 4 – durch Dünen über Fuertes „Taille"

› **Charakter:** Fuerteventuras „Wespen-
taille", die Landenge **Istmo de la
Pared,** ist mit flirrenden Dünenfeldern
bedeckt. Wem es nichts ausmacht,
durch Sand zu stapfen, kann sie queren und wird an der Inselwestseite von
verwitterten Sandklippen und wilder
Brandung überrascht.

› **Ausgangs- und Endpunkt:** Costa
Calma **60**, Verlauf siehe Faltplan [E12]

› **Länge:** 8 km (hin und zurück)

› **Dauer:** 3 Std.

› **Höhenunterschied:** 100 m im An- und
Abstieg

› **Einkehr:** Restaurants nur am
Ausgangsort

› **Anfahrt:** Costa Calma ist mit vielen
Buslinien erreichbar (u. a. 1, 4, 5, 9,
10, 25).

› **Hinweis:** Wasserproviant, Kopfbedeckung und Sonnenschutzcreme nicht
vergessen!

Am südlichen Ortsausgang von **Costa Calma** verlässt man die FV-2 am
Centro Comercial El Palmeral (Tankstelle) und folgt der Calle de la Ja-
queta. Wo die Calle nach ca. 5 Min.
an einem Strommast einen Rechts-
knick beschreibt, laufen wir geradeaus weiter auf einer Sandpiste. Diese
verläuft 1 km parallel zu den Riesen-
rotoren eines Windparks, der in der
wüsten Landschaft surreal anmutet.
Zeitweise wird die Piste von Jeeps
benutzt, weshalb sie in Seitenspu-
ren ausfranst – doch keine Sorge: ein
Verlaufen ist so gut wie unmöglich!

Nach ca. 10 Min. (vom Strommast
gezählt) halten wir uns an der Gabelung rechts, gleich darauf an einer
zweiten Gabelung abermals rechts.
Ab jetzt ist die **Westküste** sichtbar,
auf die wir geradeaus zulaufen. Nach
insgesamt einer Stunde stehen wir
auf einem **Wendeplatz.** Von dort fol-

043fu Abb.: gs

gen wir **Steinmännchen** 15 Min. durch eine Senke abwärts, halten uns an einer Gabelung links und stehen wenig später an der **Bucht Aqua Liques**, wo Wasser und Wind die Felsen „angeknabbert" haben – ein toller Ort für ein Picknick mit Blick auf wilde Wellen! Anschließend geht es auf gleichem Weg nach Costa Calma zurück.

Weitere Aktivitäten

Radfahren

In allen Ferienzentren kann man Touren- und Mountainbikes auf Tagesoder Wochenbasis ausleihen. Leider geht auf Fuerte der Ausbau offizieller **Radwege** langsam voran. Doch es lohnt sich, auf Nebenstrecken auszuweichen: herrliche **Offroadpisten** sind zu entdecken, besonders auf der Halbinsel Jandía. Kleiner Schwachpunkt: In öffentlichen Bussen kann der Drahtesel gar nicht, in Taxis nur gegen Aufpreis mitgenommen werden.

Von deutschsprachigen Guides geführte Touren werden über alle großen Hotels vermittelt (Transfer inklusive). Bei der beliebten **Tour „Fuerte Pur"** fährt man mit dem Bus in die ehemalige Inselhauptstadt Betancuria❷❾ hinauf, von dort geht es durch das Tal der 1000 Palmen zu einem Stausee und weiter hinab nach Ajuy❸❾. Helm nicht vergessen!

◁ *Sandberge an Fuertes Landenge, die ins Jandía-Massiv (links) übergehen, im Vordergrund der unverwüstliche Dornlattich*

058fu Abb.: kw

Anbieter

❯ **Fuerte Bike** <139> Tel. 629362795, www.fuertebike.com. Radwandern und Mountainbiking, geführte Touren von *easy* bis *fuerte.*

■ **Vulcano Bike** <140> Hotel Fuerteventura Playa, Costa Calma, Mobiltel. 639738743, www.volcano-bike.com. Bikestation mit Filiale im Club Aldiana.

❯ **Easy Riders** <141> Calle Las Dunas s/n, Corralejo, Tel. 928867005, www. easyriders-bikecenter.com. Touren und Radverleih.

Reiten

Eine gute **Pferdefinca** gibt es nördlich von La Pared❻❶. Angeboten werden Kurse für Anfänger und Fortgeschrittene sowie Ausritte in die Umgebung.

EXTRATIPP

Kanarischer Ringkampf

Fast so beliebt wie Fußball ist **Lucha Canaria,** der aus prähispanischer Zeit überlieferte kanarische Ringkampf. Jedes noch so kleine Dorf bringt einige *luchadores* (Ringer) hervor, traditionelle Hochburgen des Sports sind Puerto del Rosario, Lajares, Gran Tarajal und Tarajalejo.

Bei dem Wettstreit stehen zwei je zwölf Mitglieder starke Gruppen einander gegenüber, früher ausschließlich Männer, heute auch Frauen. Die Kampfstätte ähnelt einer Arena, gerungen wird auf einer runden, mit Sand bedeckten Fläche, dem sogenannten *terrero,* der etwa 10 m Durchmesser aufweist. Barfüßig, nur mit Hemd und kurzer Hose bekleidet, treten sich die Kontrahenten gegenüber. Ihr Ziel ist es, den Gegner mit gekonnten Griffen aus dem Gleichgewicht zu bringen und ihn zweimal zu Boden zu zwingen. Boxen, Schlagen oder Würgen ist dabei strikt verboten.

Terreros de lucha gibt es in von Einheimischen dominierten Orten wie Gran Tarajal **56** im Süden und Lajares **18** im Norden, über anstehende Ringkämpfe informieren die Touristeninfos.

Anbieter

› **Rancho Barranco de los Caballos** <142> Ctra. FV-605, km 20, Puerto Nuevo, Tel. 928174151, www.reiten-fuerte.de. Anke und Walter bieten Ausritte auf reinrassigen Andalusiern.

Golfen

Golf spielen kann man am besten in Caleta de Fustes **47** und Las Playitas **54**.

Anbieter

› **Fuerteventura Golf Club** <143> Ctra. FV-2, km 11, Caleta de Fustes, Tel. 928160034, www.fuerteventuragolf-club.com. 18-Loch-Anlage mit 70 Par und einer Bahnlänge von knapp 6200 m.

› **Golf Salinas de Antigua** <144> FV-2, km 12, Caleta de Fustes, Tel. 928879444, www.salinasgolf.com. 18-Loch-Golfplatz 1 km südlich von Caleta de Fustes.

› **Las Playitas Golf** <145> Las Playitas, Tel. 928860400, www.playitas.info/golf. 18-Loch-Anlage neben dem Sporthotel.

› **Academia de Golf La Pared** <146> Av. del Istmo 2, Tel. 928549103. Auf dem 6-Loch-Golfplatz und der 9-Loch-Zielgolfanlage kann man das kurze Spiel trainieren, auf der Driving Range (230 m) werden die langen Schläge geübt.

Tennis

Tennis wird in den Ferienclubs, aber auch in allen größeren Hotels und Apartmentanlagen gespielt. Auch wer kein Hotelgast ist, kann in der Regel die Tennisplätze benutzen und am Unterricht teilnehmen.

Anbieter

› **Matchpoint** <147> Büro und Sportshop im Hotel Fuerteventura Princess, Calle Gran Canaria 13, Esquinzo, Tel. 928544307, www.matchpoint-world.de. Mit Kursangeboten in vielen Hotels der Region.

EXTRATIPP

Agentur Fuerteventura Aktiv

Vom Segway-Trip und der Buggy-Tour bis zum Hochseeangeln vermittelt die Agentur eine Vielzahl von Aktivitäten.

› **Fuerteventura Aktiv** <148> Büro: Costa Calma, Calle LTU 3 (neben Hotel Taro Beach), Tel. 928875630, www.fuerteventura-aktiv.de, tgl. 9–21 Uhr

FUERTE-VENTURA ERLEBEN

003fu Abb.: gs

Feste und Folklore

Man mag kaum glauben, dass man auf einer Insel mit gerade einmal 100.000 Einwohnern **fast jede Woche ein Fest** miterleben kann. Doch das ist auf Fuerteventura tatsächlich möglich! Jeder noch so kleine Ort hat einen Heiligen, den es zu ehren gilt – diese **Patronatsfeste** dauern nicht nur einen Tag, sondern eine ganze Woche lang, vielleicht sogar zwei!

Höhepunkt des Festes ist die **Prozession:** Die blumengeschmückte Heiligenfigur wird aus der Kirche und durch die Straßen des Dorfes getragen. Fast alle Bewohner nehmen daran teil, nicht nur die älteren, auch viele jüngere. Mit der Prozession ist das religiöse Pflichtprogramm absolviert und man kann sich guten Gewissens der fröhlichen Seite des Lebens zuwenden. Der Dorfplatz füllt sich, man trifft alte und neue Bekannte, wendet sich Speise und Trank zu. Die Feste bieten Besuchern eine gute Möglichkeit, die einheimische **Folklore** kennenzulernen. *Majoreros,* die Einheimischen, treten in farbenfroher Tracht auf die Bühne, tanzen die temperamentvolle *Seguidilla* oder den bedächtigen *Sorondongo,* singen dazu von Liebe und Hass, Flucht und Verrat. Gegen Mitternacht erobert die Jugend den Platz. Die Fiesta wird nun stürmischer: Aus dem Lautsprecher erklingen Pop- und Salsa-Rhythmen, bis zum Morgengrauen sind alle Sorgen vergessen …

⊡ *Beim Karneval – eine antike Göttin*

◁ *Vorseite: Die Kalkwände von Ajuy – bei Vulkanausbrüchen an die Meeresoberfläche geschleudert*

In der folgenden Übersicht sind **bedeutende Fiestas und Events** zusammengefasst, die allerwichtigsten sind fett markiert. Die Termine können sich von Jahr zu Jahr ein wenig verschieben, denn vielleicht verlegt der Bürgermeister die Feierlichkeiten auf das vorangehende oder nachfolgende Wochenende, um auch den auf den Nachbarinseln lebenden *Majoreros* die Teilnahme zu ermöglichen. Den aktuell gültigen Festtagskalender *(calendario de fiestas)* bekommt man bei der Touristeninformation in Puerto del Rosario (s. S. 17).

Januar

❭ **1. Januar:** *Año Nuevo.* Die Inselbewohner versammeln sich auf dem Dorfplatz, vernaschen zu jedem Glockenschlag eine Weintraube und trinken Sekt. Anschließend gibt es in allen größeren Orten ein Feuerwerk.

❭ **5./6. Januar:** *Cabalgata de los Reyes Magos.* Am Vorabend zum 6. Januar ziehen Caspar, Melchior und Balthasar, die **Heiligen drei Könige** aus dem Morgenland, auf ihren Kamelen durch die großen Orte der Insel: Corralejo und Puerto del Rosario, Antigua und Betancuria, Tuineje und Morro Jable. Festlich gekleidet und gut gelaunt werfen sie Bonbons in die Menge, manchmal reichen sie auch Gofio-Kugeln und Wein. Am nächsten Tag erhalten alle Kinder, die im letzten Jahr brav waren, ihre „Weihnachtsgeschenke" und präsentieren sie stolz auf Straßen und Plätzen.

❭ **20. Januar:** *Fiesta de San Sebastián.* Patronatsfest in La Oliva.

Februar

❭ **2. Februar:** *Fiesta de Nuestra Señora de la Candelaria.* Die Gemeindestädtchen La Oliva und Gran Tarajal ehren ihre

069fu Abb.: gs

Schutzheilige mit einer farbenprächtigen Prozession.

❭ **28. Februar:** *Fiesta del Agua.* In der Gemeinde von Antigua wird der Regen beschworen: Mit einem immer gleichen, fast hypnotischen Klopfen auf Ziegenknochen sollen die sich über den Bergen ballenden Wolken zum Abregnen gebracht werden. Das Fest findet in Agua de Bueyes oder Valles de Ortega statt.

❭ **Februar:** *Fiesta de Carnaval.* **Karneval** wird vor allem in Puerto del Rosario gefeiert – ein zweiwöchiger Ausnahmezustand mit Maskenbällen und schrillbuntem Umzug, der Wahl einer „Königin" und Salsa nonstop. Am „Aschermittwoch", der hier meist auf ein Wochenende fällt, wird die „Beerdigung der Sardine" (*entierro de la sardina*) zelebriert: Unter großem Geschluchze vieler schwarzer Witwen wird eine riesige Pappsardine den Flammen übergeben. Damit

ist freilich noch längst nicht alles vorbei. Von der Hauptstadt zieht der *Carnaval* weiter nach Corralejo und Morro Jable, nach Antigua und Gran Tarajal – viele Majoreros sind gleich mehrmals dabei.

März/April

❭ **19. März:** *Fiesta de San José.* Der Josefstag ist zugleich kanarischer Vatertag.

❭ **April:** *Semana Santa.* **Ostern** im Fackelschein, mit Weihrauch und düsteren Trommelwirbeln: Die Umzüge von Puerto del Rosario beschwören den Geist der Inquisition. Mitglieder geistlicher Bruderschaften ziehen im grauen Mantel durch die Stadt und verbergen ihr Gesicht unter einer spitzhaubigen Kapuze. „Büßer" sind gleichfalls mit von der Partie, sie kasteien sich mit Peitsche und Geißel. Die Passion Christi wird auf der Hauptstraße nachgespielt, auch die Kreuzigung bleibt den Zuschauern nicht erspart. Offizielle Feiertage sind Gründonnerstag *(Jueves Santo),* Karfreitag *(Viernes Santo)* und Ostersonntag *(Domingo de Pascua),* nicht aber der Ostermontag.

> **April:** *Feria Agrícola y Ganadera.* Landwirtschaftsmesse auf der staatlichen Granja Experimental in Pozo Negro mit der Prämierung der schönsten Esel, Schafe und Ziegen.

> **April:** Das Playitas-Resort veranstaltet den Sportwettkampf Challenge Fuerteventura (s. S. 88).

> **1. Aprilsonntag:** *Fiesta de San Vicente Ferrer.* Patronatsfest in Villaverde.

> **3. Aprilsamstag:** *Fiesta de Nuestra Señora de la Inmaculada Concepción.* Patronatsfest in La Lajita.

> **25. April:** *Fiesta de San Marcos.* Patronatsfest in Tiscamanita.

Mai

> **1. Mai:** *Día del Trabajo.* Am Tag der Arbeit bleiben alle Geschäfte geschlossen. Fällt der 1. Mai auf einen Sonntag, wird der Feiertag auf den Montag verlegt.

> **4. Mai:** *Fiesta de Santa Mónica.* Patronatsfest in Tefía.

> **2. Maisonntag:** *Fiesta de Sagrado Corazón de María.* Patronatsfest in Tarajalejo.

> **15. Mai:** *Fiesta de San Isidro Labrador.* Fest zu Ehren des Schutzherrn der Landwirtschaft in Triquivijate. Und weil es so schön war, wiederholt man es in etwas kleinerem Rahmen am zweiten Augustsonntag.

> **30. Mai:** *Día de Canarias.* Am Tag der Kanarischen Inseln wird die weiß-blau-gelbe Regionalflagge gehisst, die freie Zeit verbringt man mit der Familie beim Picknick.

> **Mai:** *Feria Insular de Artesanía.* Töpfer, Schnitzer, Weber und Sticker kommen vom ganzen Archipel zur **Kunsthandwerksmesse** nach Antigua und präsentieren ihre Werke zum Verkauf. Begleitet

wird das Fest von Folklore, kanarischem Ringkampf und Stockfechten. Am späten Abend wird das Tanzbein geschwungen.

> **Mai oder Juni:** *Fiesta de Corpus Christi.* **Fronleichnam** wird auf Fuerteventura prachtvoll in Szene gesetzt, vor allem die Hauptstadt lohnt einen Besuch: Der Kirchplatz von Puerto del Rosario wird schon am Vorabend mit einem bunten Teppich aus Blumen und gefärbtem Salz geschmückt, über den die Prozession hinwegschreitet.

Juni

> **13. Juni:** *Fiesta de San Antonio de Padua.* Der hl. Antonius wird gleich an mehreren Orten der Insel geehrt, besonders eindrucksvoll in Toto und Lajares.

> **3. Junisonntag:** *Fiesta de Nuestra Señora de la Salud.* Patronatsfest in Tuineje.

> **24. Juni:** *Fiesta de San Juan.* Die Sommersonnenwende, die schon die heidnischen Ureinwohner Fuerteventuras feierten, wurde in die christliche Zeit hinübergerettet. An vielen Orten der Insel entzündet man Feuer, besonders prächtig sind sie in der Hauptstadt und in den Gemeindestädten sowie in Cofete, Ajuy, Jandía, Tiscamanita und Vallebrón.

> **29. Juni:** *Fiesta de San Pedro el Pescador.* Patronatsfest in Las Playitas.

Juli

> **2. Juli:** Fiesta de Nuestra Señora de la Regla. Patronatsfest in Pájara.

> **14. Juli:** Fiesta de San Buenaventura. Viele Majoreros strömen nach Betancuria, um an die endgültige **Eingliederung der Insel in das Königreich Kastilien** (1454) zu erinnern. Die einen feiern das Datum und tragen das verstaubte Banner der Conquista durch die Gassen der Stadt, die anderen üben sich im schüchternen Protest.

> **16. Juli:** Fiesta de Nuestra Señora del Carmen. In Küstenorten wie Corralejo, Morro Jable, Salinas del Carmen und Giniginámar wird **Carmen, die Schutzpatronin der Fischer,** mit einer farbenprächtigen Bootsprozession geehrt.
> **26. Juli:** Fiesta de Santa Ana. Patronatsfest in Casillas del Ángel.
> **Letzter Julisamstag:** Fiesta de San Benito. Patronatsfest in La Pared.
> **Ende Juli:** Campeonato Mundial de Windsurfing. Die **Weltelite der Surfer** trifft sich in Playa Barca und gibt eine Probe ihres akrobatischen Könnens. Parallel zum Wettbewerb finden am Strand viele kulturelle Veranstaltungen und Spiele statt.

August

> **5. August:** *Fiesta de la Virgen de la Peña.* Patronatsfest in Vega de Río Palmas.
> **15. August:** *Fiesta de Nuestra Señora de la Concepción.* Patronatsfeste in Llanos de la Concepción und Tindaya.
> **3. Augustsonntag:** *Fiesta de San Marcos.* Patronatsfest in Tiscamanita.
> **22. August:** *Fiesta de Nuestra Señora del Buen Viaje.* Der Schutzheiligen der „Guten Reise" wird im Fischerdorf El Cotillo ein großes Fest bereitet.
> **28. August:** *Fiesta de San Agustín.* Patronatsfest in Tefía.

September

> **September:** *Open Internacional de Pesca de Altura.* An dem Hochseeangelturnier in Gran Tarajal beteiligen sich etwa 100 Boote aus ganz Spanien. Es gilt, die größte Menge an Thun- und Schwertfisch zu fangen, der Blaue Merlin ist als Beute besonders geschätzt.
> **1. Septembersonntag:** *Fiesta de San Roque.* Patronatsfest in Villaverde.
> **8. September:** *Fiesta de Nuestra Señora de Antigua.* Patronatsfest in Antigua.

> **3. Septembersonntag:** *Romería de la Peña.* Im Palmendorf Vega de Río Palmas wird das **Fest der Felsjungfrau,** das wichtigste Kirchenfest Fuerteventuras, gefeiert. In einer nächtlichen Prozession pilgern Tausende Bewohner aus allen Teilen der Insel zur Kapelle Ermita de las Peñas (s. S. 43). Am nächsten Tag folgen Tanz und Folklore sowie sportliche Wettkämpfe.
> **Mitte September:** *El Pulpito.* Zweiwöchiges Fest der Fischer in Puertito de la Cruz mit Musik, Tanz und Sport.

Oktober

> **7. Oktober:** *Fiesta de la Virgen del Rosario.* Eines der großen Inselfeste feiert man in der Hauptstadt zu Ehren der **Rosenkranzmadonna.** Die Figur der Schutzheiligen wird zusammen mit dem „betrübten Christus" und dem hl. Christophorus durch Puerto del Rosario getragen.
> **12. Oktober:** *Romería de Nuestra Señora del Pino.* Fest mit großer Prozession von der Hauptstadt nach Puerto Lajas.
> **12. Oktober:** *Día de la Hispanidad.* Spanischer Nationalfeiertag, der auf den Kanaren gemischte Gefühle hervorruft: Man gedenkt der Eroberung der Neuen Welt und preist die spanische Kultur als zivilisationsbringende Kraft.
> **12. Oktober:** *Fiesta de la Virgen de la Peña del Mar.* Großes Fest rund um den Hafen von Caleta de Fustes.
> **13. Oktober:** *Jurada de San Miguel Arcángel.* Der hl. Erzengel Michael ist der Schutzherr von Tuineje und wird zwei Wochen lang gefeiert. Man dankt ihm dafür, dass er die Stadt am 13. Oktober 1740 vor den Korsaren gerettet hat. Die **Schlacht von Tamasite** wird am Originalschauplatz von Bürgern der Stadt in historischen Kostümen nachgespielt. Am Ende feiern alle ihren glorreichen Sieg.

November

> **1. November:** *Todos los Santos.* Außer Blumenläden bleiben zu Allerheiligen alle Geschäfte geschlossen. Man pilgert zu den Gräbern der Vorfahren, legt Kränze nieder und entzündet Kerzen.

> **13. November:** *Fiesta de San Diego de Alcalá.* Der einzige Heilige, den Fuerteventura hervorgebracht hat, war der wundertätige Franziskanermönch Didakus. Ihm zu Ehren wird in Gran Tarajal ein mehrtägiges Fest gefeiert.

> **27. November:** *Fiesta de la Milagrosa.* Patronatsfest in Lajares.

> **30. November:** *Procesión en honor de San Andrés.* Jahrhundertelang war dies der wichtigste Tag im Festkalender Fuerteventuras: Der Regenheilige Andreas wurde um Wasser angefleht, um die kommende Ernte zu sichern. Zwar gibt es heute Wasserentsalzungsanlagen, doch vor allem in Tetir will man es sich mit dem hl. Andreas nicht verderben.

> **November:** *Festival de Cometas.* Im Naturpark der Dünen von Corralejo lassen Teilnehmer aus aller Welt am zweiten Novemberwochenende ihre Drachen fliegen. „Stars" des Events sind die bis zu vier Meter hohen, sechseckigen Rokkaku-Drachen aus Japan.

Dezember

> **6. Dezember:** *Día de la Constitución Española.* Der Tag der spanischen Verfassung ist mit dem gleichfalls arbeitsfreien 8. Dezember ein guter Vorwand für die längste *puente* (Brücke) des Jahres: Viele Canarios schaffen es, gleich mehrere Tage der Arbeit fernzubleiben und auf Reisen zu gehen.

> **8. Dezember:** *Fiesta de Nuestra Señora de la Inmaculada Concepción.* Mariä Empfängnis wird mit Prozessionen an vielen Orten der Insel begangen, u. a. in Betancuria und La Lajita.

Offizielle Feiertage

> **1. Januar:** Neujahr
> **6. Januar:** Tag der Heiligen Drei Könige
> **1. Mai:** Tag der Arbeit
> **30. Mai:** Tag der kanarischen Autonomie
> **15. August:** Mariä Himmelfahrt
> **12. Oktober:** Tag der spanischsprachigen Welt
> **1. November:** Allerheiligen
> **6. Dezember:** Verfassungstag
> **8. Dezember:** Mariä Empfängnis
> **25. Dezember:** Weihnachten

Bewegliche Feiertage sind Gründonnerstag, Karfreitag und Fronleichnam. Jede Gemeinde kann darüber hinaus zwei lokale Feiertage für das Jahr festlegen. Den **aktuellen Festkalender** bekommt man bei der Touristeninformation in Puerto del Rosario (s. S. 17).

> **24./25. Dezember:** *Fiesta de la Navidad.* **Weihnachten** auf Fuerteventura: Tannenbäume am Strand, Jingle-Bell-Songs im Supermarkt und Großeinkauf in der Hauptstadt. Am Heiligabend trifft sich die Familie zum Festmahl, um anschließend zur Mitternachtsmesse zu gehen. In vielen Kirchen werden schöne Krippen aufgestellt, in Antigua und Tiscamanita Szenen aus Bethlehem nachgespielt.

▷ *Feine Fuerte-Küche: Tintenfisch-Carpaccio im Restaurant Marabú (s. S. 69) in Esquinzo*

Fuerteventura kulinarisch

In den Hotels und Clubs der Ferienorte wird das Essen in der Regel in Form eines Büfetts serviert. Kulinarische Themenabende – von mediterran bis asiatisch – bringen nach ein paar Tagen willkommene Abwechslung. Die traditionelle **einheimische Küche** sieht anders aus: Sie ist **einfach und deftig**, zubereitet aus Zutaten vom Archipel. Prinzipiell gilt: An der Küste wird Fisch gegessen, im Landesinnern Fleisch. Immer mit von der Partie sind *papas arrugadas con mojo,* Runzelkartoffeln mit pikanter Soße (s. u.). Auch ein Teller mit einheimischem, hoch prämiertem Ziegenkäse – von zart bis hart – darf bei keiner Mahlzeit fehlen. Steht dagegen „kreative kanarische Küche" auf dem Programm, darf man sich auf Fusion-Küche freuen!

Fisch aus saharischen Gewässern

Je nach Saison gibt es butterweichen Wrackbarsch (*chernc*) und Papageienfisch (*vieja*), fettarmen Seehecht (*merluza*) oder kräftigen Thunfisch (*atún, bonito*), Sardinen und Makrelen (*sardinas, carballas*). Insgesamt werden **mehr als 80 Fischarten** angelandet, dazu kommen Kalmar und Tintenfisch sowie **Meeresfrüchte** wie Garnelen von klein bis groß, Napfschnecken, Pfahlmuscheln und Langusten.

Vielfältig sind auch die Zubereitungsmöglichkeiten: Fisch wird gedörrt oder gekocht, gebacken oder gegrillt, mariniert oder im Salzmantel gebacken. Die häufigste Variante nennt sich *a la plancha:* auf heißem Blech gebraten und nur leicht gesalzen, damit der Eigengeschmack zur Geltung kommt.

Fleisch aus den Bergen: Zicklein und Ziege, Kaninchen und Lamm

Vor allem am Wochenende, wenn sich die Ausflugslokale füllen, kommt Fleisch frisch auf den Tisch. Meist wird es *en adobo,* in einer würzigen Tunke, gebeizt oder *al salmorejo* mariniert, wobei außer Knoblauch auch süßer und scharfer Paprika, Rosmarin und Thymian zum Einsatz kommen. Je nach Gusto wird das Fleisch anschließend gebraten, gegrillt oder gekocht.

Einfach und köstlich: die klassischen Beilagen

Zu jedem Mahl werden *papas arrugadas* (**Runzelkartöffelchen**) bestellt. Die runzelige Textur entsteht, indem die meist kleinen, schmackhaften Erdknollen ungeschält in stark salzhaltigem Wasser gekocht werden. Ist das Wasser verdunstet, haftet kristallisiertes Salz an ihrer Haut, lässt sie weiß und schrumpelig erscheinen.

Die Kartöffelchen werden in grüne oder rote **Mojo-Soße** getunkt, je nachdem, ob Fisch oder Fleisch gegessen

047fu Abb.: gs

wird. *Mojo verde,* die grüne Variante, besteht aus Knoblauch, frischem Koriander und Kreuzkümmel, die in einem Mörser zerstampft und mit Olivenöl sowie einem Schuss Essig angereichert werden. Noch pikanter ist *mojo rojo,* die rote Variante: Hier verzichtet man auf Koriander und stampft der Teufelstunke Chili ein!

Salat ist nicht unbedingt ein Glanzpunkt der kanarischen Küche. Doch wenn man Glück hat, gesellen sich zu den kleinen aromatischen Fuerteventura-Tomaten Zwiebeln von der Nachbarinsel Lanzarote sowie Gurken und Avocados aus Gran Canaria.

Eintopf zum Sattwerden

Probieren sollte man auch die kanarischen Eintöpfe. Sie sind herzhaft und so sättigend, dass sie leicht eine ganze Mahlzeit ersetzen. *Potaje* ist ein Gemüseeintopf und besteht aus Kürbis, Süßkartoffel und Karotte. Das gehaltvollere Gegenstück heißt *puchero* und enthält zusätzlich mehrere Sorten Fleisch, darunter Paprikawurst, Schweinerippchen und Rind.

Nachtisch – Mandelkuchen und Gofio-Eis

Von den großen Nachbarinseln kommen die **Mandeln** und auch die Rezepte: *Bienmesabe* (wörtl. „Es-schmeckt-mir-gut") ist ein Mandel-Honig-Mousse, die *Tarta de almendra* ein Mandelkuchen. Originell schmecken die mit Süßkartoffelpaste oder Kürbiskonfitüre gefüllten frittierten Teigtaschen (*truchas de batata* bzw. *cabello de ángel*).

Eine wichtige Dessertzutat ist auch das aus prähispanischer Zeit stammende **Gofio:** Mehl aus geröstetem Getreide, das kalorienarm, dafür

Preiskategorien Restaurants

Um dem Leser eine Vorstellung zu vermitteln, wie teuer die in diesem Buch vorgestellten Restaurants sind, wurden sie in drei Preisklassen unterteilt. Die Preise gelten für ein Hauptgericht mit Nachspeise und Getränk.

€	bis 15 €
€€	15–25 €
€€€	ab 25 €

reich an Mineralien und Ballaststoffen ist. Es wird zu Eis und Mousse verarbeitet.

Getränke

Wein kommt von der Nachbarinsel Lanzarote oder vom spanischen Festland, **Bier** aus Teneriffa (Dorada) oder Gran Canaria (Tropical). Offenes Bier bestellt man als *caña* (kleines Bier) oder *jarra* (großes Bier), alkoholfreies Bier als *cerveza sin alcohol.* Gut sind auch die **Mineralwasser** von den großen Kanaren, heißen sie nun Firgas, San Antón oder Fuente Alta.

Auf jedes Essen folgt ein **Kaffee.** Wer einen Espresso möchte, fragt nach *café solo.* Ist ihm Milch beigemischt, spricht man von *cortado,* wobei sich der Kellner vielleicht danach erkundigt, ob man ihn *natural* (mit H-Milch) oder *con leche condensada* (Büchsenmilch) bevorzugt. Manchmal bestellen Kanarier auch *cortado largo* im großen Glas, der sehr viel mehr Milch enthält als der normale Milchkaffee *café con leche.* Ebenfalls beliebt ist *carajillo,* ein kleiner Schwarzer mit einem Schuss Brandy (meist der Marke Veterano).

KLEINE PAUSE

Lokale mit guter Aussicht

Die Auswahl ist groß, denn viele Terrassen-restaurants liegen am Meer. Alle Strand-bars *(chiringuitos)* bieten tollen Atlantik-blick (und meist auch eine Veggie-Option in Form von Salat).

› **La Terraza del Muelle** in Puerto Rosario (s. S. 18): Tapas unter Einheimischen.

› Lokale an der **Promenade von Corralejo** (s. ❽): von chillig bis rustikal – fast immer mit Blick auf die „Insel der Wölfe".

› Lokale am alten und neuen **Hafen von El Cotillo** (s. ❿): Im alten Hafen genießt man die wilde Brandung, im neuen den Blick über Kalköfen auf die raue Küste.

› **Puerto Castillo** (s. S. 53) u. **Chiringuito La Isla** (s. S. 52) in Caleta de Fustes: Im ersten sitzt man in erster Reihe vor Ausflugsschiffen, im zweiten „schwimmt" man auf einer kleinen Kunstinsel.

› **Los Caracoles** und **Los Pescadores** in Pozo Negro (s. S. 55): Frischer Fisch vom Fischer – Fuerte, wie es früher war.

› **La Rampa** in Las Playitas (s. S. 57): gemütliches Lokal an einer kleinen Mole.

› **Olas del Sur** in Gininámar (s. S. 59): Entspannung abseits des Trubels im urigen Terrassenlokal.

› **La Barraca** in Tarajalejo (s. S. 60): Lokal in erster Strandlinie.

› **Bahía La Pared** in La Pared (s. S. 66): Dinner über den Wellen, am besten bei Sonnenuntergang.

› **Marina Playa** in Esquinzo (s. S. 69): hoch auf der Klippe mit Blick in die Unendlichkeit von Himmel und Meer.

› **Avenida del Mar** in Morro Jable (s. S. 74): Sehen und gesehen werden auf der Promenade, dazu viel Fisch.

› **Los Caracolitos** in Las Salinas (s. S. 53): kanarische Traditionskost mit Blick auf flirrende Salzfelder.

Lecker vegetarisch

Auf der Insel gibt es kein einziges vegeta-risches Restaurant, doch bieten einige, meist von Nicht-Spaniern geführte Lokale originelle Veggie-Gerichte:

› **Canela, La Cancela** in Lajares (s. S. 32)

› **Casa Isaítas** in Pájara (s. S. 44)

› **El Divino DVN** und **Fuerte Action** in Costa Calma (s. S. 65)

› **Marabú** in Esquinzo (s. S. 69)

› **Coronado, La Farola del Mar** (s. S. 75) und **La Strada** (s. S. 78) in Morro Jable

Was wo kaufen?

Einkaufszentren findet man in allen Ferienstädten. In den *Centros Comer-ciales* (abgekürzt C.C.) soll Einkaufen ein Vergnügen sein – darum finden sich neben Läden, Souvenirshops und Boutiquen auch Lokale, Bars und Spielhallen.

Wochenmärkte finden jeweils vor-mittags statt: montags und freitags am Ortsrand von Corralejo, donners-tags am Shoppingcenter in Jandía, samstags in Caleta de Fustes und sonntags sowohl in Costa Calma als auch im Centro Comercial Campana-rio in Corralejo. Dort kann man afri-kanische und spanische Waren „er-handeln", bunt bedruckte Stoffe, Le-dergürtel und Taschen, Schmuck und Tonwaren. Es sind auch gute Sachen dabei, doch im Schnitt enttäuscht das Angebot: zu viel Kitsch, zu wenig handwerkliche Kunst.

Eine gute Alternative sind die **Bau-ernmärkte,** auf denen man Obst und Gemüse frisch vom Erzeuger be-kommt: Der zurzeit beliebteste *Mer-cado Agrícola* findet am Sonntag-vormittag in La Lajita beim Oasis Parque ❺❾ statt, in Puerto del Rosario ist er noch nicht fest etabliert.

Queso majorero – hochprämierter Ziegenkäse

Bei fast jedem World Cheese Award, der weltweit wichtigsten Käsemesse, räumt Fuertes Inselkäse Majorero Preise ab. Als erster in Spanien erhielt er das begehrte staatliche EU-Gütesiegel „Denominación de Origen". Die Milch, aus der er hergestellt wird, stammt von über 50.000 zotteligen Fuerte-Ziegen, die über die Insel streifen und sich vom Dornlattich und anderen wasserspeichernden Pflanzen ernähren. Die Ziegenmilch wird nicht mit künstlichen Fermenten versetzt und meist auch nicht pasteurisiert. Das ist deshalb möglich, weil es auf den Kanaren als einziger Region Europas das gefürchtete Bangfieber (Brucellose) nicht gibt.

*Das Resultat ist ein hervorragender Rohmilchkäse, der je nach **Reifegrad** anders schmeckt. Frischer, wenige Tage alter Käse („tierno") ist weich und zart, halbgereifter („semicurado") entfaltet bereits ein starkes Aroma, reifer, mehrere Monate alter Käse („curado") erinnert an Parmesan, ist würzig und steinhart. Um ihn haltbarer zu machen, wird seine Rinde gern mit Paprikapulver, Olivenöl oder Gofio-Mehl eingerieben. Fuerte-Käse gibt es in jedem Lebensmittelladen. Erspäht man an der Straße das Schild „venta de queso", kann man ihn direkt beim Bauern kaufen. Besonders zu empfehlen: das Museo del Queso (s. S. 47) in Antigua!*

Kunsthandwerk direkt vom Hersteller, Web- und Keramikarbeiten sowie aus Palmblättern geflochtene Hüte

KURZ & KNAPP

Fuerte-Logo – das Zicklein

Was für Gomera der Gecko und für Gran Canaria der Hund, ist für Fuerteventura die Ziege. Weil es so viele davon auf der Insel gibt, hat sie ein gewiefter Geschäftsmann zeichnen und die Zeichnung patentieren lassen. Nun prangt das kecke, schwarzweiße Tier, dessen Mund zum Meckern ansetzt, auf T-Shirts und Tassen, Tüchern und Rucksäcken. Sechs Läden gibt es auf der Insel schon, die Artikel mit diesem Logo verkaufen, z. B. in Morro Jable und Jandía. Die Souvenirs können auch online bestellt werden unter:

> www.cabrito-fuerteventura.com

und Körbe bekommt man z. B. in Betancuria (Tienda Santa María, Centro Insular de Artesanía, s. S. 43), Antigua (Centro de Artesanía, s. S. 47) und Tefía (Ecomuseo de la Alcogida **28**). Wer im Norden ist, sollte einen Abstecher nach Lajares **18** unternehmen: Viele Frauen des Ortes haben sich in einer Genossenschaft zusammengeschlossen und stellen schön bestickte Tücher und Tischdecken, Flecht- und Töpferwaren her. Samstagvormittags findet im Ort ein Kunsthandwerkermarkt, teils begleitet von Livemusik, statt.

Aloe Vera wird auf Fuerteventura in großem Stil angebaut. Aus dem geleeartigen Fruchtfleisch der Pflanze werden unzählige Kosmetikprodukte hergestellt, von Anti-Aging-Cremes bis Bodylotions. Je mehr echtes, d. h. nicht pulverisiertes, sondern mechanisch gepresstes Aloe verwendet wird, desto nährstoffreicher ist das Produkt. Verkauft werden die Kosmetika in jedem Supermarkt, aber auch direkt beim Erzeuger (s. S. 48).

Natur erleben

Aus Feuer geboren

Wer Fuerteventura erkundet, erlebt **Landschaften aus Lava**: weite Ebenen in Beige-, Rot- und Schwarztönen, durchzogen von Bergketten und gespickt mit Vulkankegeln. Merkwürdig, sich vorzustellen, dass die Schönheit der Insel aus dem Erdinneren stammt: Ein in 100 km Tiefe aktiver Magmaherd hatte im Laufe von 20 bis 30 Millionen Jahren submarine Vulkane aufgebaut, die schließlich über die Meeresoberfläche hinauswuchsen. Dies geschah in großen zeitlichen Abständen, in denen die tektonische Platte über dem Magmaherd langsam nach Osten wanderte. So erklärt sich, dass die **Kanarischen Inseln nacheinander entstanden**, wobei ihr Alter von Ost nach West abnimmt. Fuerteventura, die östlichste Insel, ist mit gut 22 Mio. Jahren die älteste. Die Nachbarinsel Lanzarote, die nächstältere, erblickte erst 10 Mio. Jahre später das Licht der Welt.

Fuerteventura war anfangs sehr hoch, ragte – wie heute der Pico del Teide auf Teneriffa – bis über 3500 m über NN auf. Mittlerweile aber gehört Fuerte durch Abtragung zu den **niedrigsten Inseln** des Kanarischen Archipels. Vor 4000–5000 Jahren brach auf Fuerteventura zuletzt die Erde auf. Dabei wurde so viel Magma ausgespuckt, dass im Inselnorden die **Calderas** entstanden, klassische Kegel mit tiefen Kratern. Seit jener Zeit herrscht auf Fuerteventura – vulkanisch gesehen – „Sendepause". Nicht so auf Teneriffa, Lanzarote und La Palma, die bis in die jüngste Vergangenheit den Kontakt mit dem Magmaherd nicht verloren haben. Dies bezeugen Eruptionen in den vergangenen Jahrhunderten. Der letzte Ausbruch ereignete sich 2011/2012 auf der kleinen Insel El Hierro.

◹ *Von Wasser und Wind geschliffene Vulkane im Betancuria-Massiv*

Eine aus zwei

Wer sich Fuerteventura genauer anschaut, kann gut nachvollziehen, dass das Eiland einst aus zwei Inseln bestand. Der „Hauptkörper", von den Ureinwohnern **Maxorata** genannt, bildete die **Nordinsel**, die von der später entstandenen **Südinsel**, dem heutigen „Anhängsel" **Jandía**, durch einen Wasserarm getrennt war. Infolge von Vulkanausbrüchen wurde dieser im Lauf der Zeit mit so viel Lava aufgefüllt, dass sich zwischen beiden Inseln eine Landbrücke bildete. Heute ist die **Landenge Istmo de la Pared** Fuerteventuras schmalste Stelle: vier Kilometer bedeckt mit blendenden Dünen, die sich an der Küste mit Kalkablagerungen zu weißen Klippen verfestigten (empfehlenswerte Wanderung durch die Landenge s. S. 96).

Ablesbar ist die einstige Trennung auch am **Landschaftsbild**: Im älteren Norden hatten Wind und Wasser viele Jahrmillionen Zeit, das Inselprofil zu schleifen und alles Schroffe zu glätten. Dort zeigt sich Fuerteventura in sanften Formen mit Trogtälern und Ebenen, die mit später entstandenen Vulkankegeln gespickt sind. Im geologisch jüngeren Süden hingegen verläuft einem Rückgrat gleich eine gezackte Gebirgskette mit Fuertes höchstem Berg, dem wolkenumspülten „Dornbuschgipfel" (Pico de la Zarza, 807 m).

Erdkräfte sichtbar gemacht

Bei **Wanderungen** kommt man dem **vulkanischen Inselursprung** näher: Bei Wanderung 1 (s. S. 91) auf Lobos, der vorgelagerten Insel, sieht man kleine Vulkanöfchen und einen halb ins Meer gestürzten Krater. Wanderung 2 (s. S. 93) führt durch eine stark erodierte Schlucht, in der Fuertes Tiefengestein Gabrot und Syenit zutage tritt. Während der Wanderungen 3 und 4 (s. S. 95) trifft man auf noch älteres Gestein: Die Kalksedimente an der Westküste, in die marine Fossilien eingeschlossen sind, zählen mit einem Alter von 120 Mio. Jahren zu den ältesten der Kanaren – bei Vulkaneruptionen wurden sie aus der Tiefe des Atlantikbodens an die Erdoberfläche emporgeschleudert.

Ein fünf Kilometer langer, vor Zehntausenden von Jahren erkalteter Lavastrom erstreckt sich im **Barranco de Pozo Negro** ⑤. Doch den besten Einblick in Fuertes Vulkangeschichte erhält man in Villaverde bei der Erkundung eines Lavatunnels in der **Cueva del Llano** ㉕.

Mehr als Wüste

Wer die Höhle Cueva del Llano besucht, wandert nicht nur durch die „Eingeweide" des Erdinnern, sondern erkennt in ihren Gesteinsschichten fossile Wurzeln subtropischer Pflanzen. Diese belegen, dass die Insel **einst völlig anders aussah** als heute. Sie war nicht nur bedeutend höher, sondern auch feuchter, sodass vom Nachbarkontinent „eingewanderte" Samen rasch aufkeimten. Vom Sukkulentenbusch an der Küste über Palmentäler bis zu Nebelwäldern gab es mehrere Vegetationszonen.

Nachfolgende Klimaschwankungen haben der subtropischen Üppigkeit den Garaus gemacht. Den Rest besorgten die Menschen. Die Mahos, die berberischen Ureinwohner, die ab 500 v. Chr. auf die Inseln kamen, besaßen **Ziegen und Schafe**, die die Pflanzen abgrasten. Anfang des 15. Jh., als die Konquistadoren aus Europa kamen, gab es noch Haine von Öl- und Pistazienbäumen im Betancuria-Massiv, Lorbeerwäldchen auf der Halbinsel Jandía und allerorts Tamarisken. Das blieb nicht lange so. Um der Insel Profit abzuringen, verwandelten die Konquistadoren weite Teile der Insel in **Ackerland:** In die Berghänge wurden Terrassen getrieben, das Holz der geschlagenen Bäume diente als Bau- und Brennmaterial. Heute findet man Reste von Wald nur noch in unzugänglichen, meist in Wolken getauchten Felsspalten des Jandía-Massivs.

Allgegenwärtig sind dagegen **Sukkulenten** (lateinisch *succus* = Saft), die sich – ähnlich wie Kakteen – mit Hilfe „gepanzerter" Blätter vor Austrocknung schützen. Die bekannteste Art ist die **Jandía-Wolfsmilch,** die nur auf Fuertes Halbinsel und nirgends sonst auf der Welt wächst. Zu den Sukkulenten zählt auch die importierte **Aloe Vera,** aus der Kosmetika hergestellt werden (s. S. 48).

Eine Sondergruppe der Sukkulenten sind die **salztoleranten Küstenpflanzen,** die sich an Meeresbrise und Salzwasser angepasst haben. In den naturgeschützten **Salzmarschen des El Saladar** ⑥ in Jandía kann man sie in Augenschein nehmen. Auch die Salzwiesen auf dem Felseiland Lobos ⑫ sind an die saisonale Überflutung durch Meerwasser bestens angepasst.

Wilde Palmen wachsen nur dort, wo es Grundwasser gibt. In dichten Hainen sieht man sie nur in Vega

049fu Abb.: gs

de Río Palmas ㊲), im Barranco von Ajuy ㊴ und in Gran Tarajal ㊶. Der einzige **Botanische Garten** der Insel ist an den **Oasis Parque** ㊾ angeschlossen: Vom Palmetum bis zum Cactarium sind alle Pflanzen vereint, die in der Wärme Fuerteventuras gedeihen. Noch im Aufbau ist dort der Jardín Canario, in dem eines Tages alle Kanaren- und Fuerte-Endemiten wachsen sollen.

Wo Vegetation ist, sind auch **Tiere.** An schilfbewachsenen Ufern kleiner Teiche bei Los Molinos ㉗ wurde ein Vogellehrpfad angelegt. Am Saladar ㊻ von Jandía gehen Kanarenschmätzer auf Jagd, Wandervögel wie Seiden- und Alaskareiher bevorzugen Brandungszonen und Salinen, wo sie nach Meerestieren picken. Nur mit Glück bekommt man die einheimische Kragentrappe in den Dünen ⑪ von Corralejo und am Istmo de la Pared zu Gesicht. Umso häufiger stößt man auf **kleine Reptilien** wie Gecko, Purpurarien-Skink und Haría-Eidechse. Und natürlich auf das aus Afrika importierte **Atlashörnchen,** das Urlauber um Nüsse anbettelt.

☐ *Die Kandelaberwolfsmilch ist eine für die Kanaren typische Sukkulenten-Pflanze: Sie speichert Feuchtigkeit in ihren kaktusharten Armen.*

Überlebenskünstler

Schon beim Anflug erkennt man: Fuerteventura ist nichts als Geröll, gespickt mit Vulkanen und umschlossen von einem Band weißer Strände. Ganz offiziell gilt die Insel als **Halbwüste**, was bedeutet, dass weniger als 50 % des Bodens permanent bewachsen sind. Schuld an der Dürre sind die ganzjährig hohen Temperaturen, Grundwasserknappheit, geringe Niederschlagsmengen und der karge Schatten, dazu ein hoher Salzgehalt des Bodens und ein im Sommer stark wehender Wind.

An diese extremen Bedingungen haben sich nur wenige „Überlebenskünstler" angepasst: **klein- und flachwüchsige Pflanzen** mit tiefen Wurzeln und kleinen, dicken Blättern, die der Verdunstung vorbeugen. Sie haben eine kurze Vegetationsperiode, d. h., sie blühen nur wenige Tage und lassen sich wenig länger sehen. Ein Paradebeispiel ist die an einen Kaktus erinnernde **Jandía-Wolfsmilch** (Euphorbia handiensis), deren Blätter zu langen Dornen verkümmert sind. Noch „schlauer" ist die **Gelbe Cistanche** (Cistanche phelypea), aufgrund ihrer imposanten Blütenstauden auch Wüstenorchidee genannt. Sie bildet erst gar keine eigenen Blätter aus, sondern schmarotzt an den Wurzeln anderer Pflanzen. Nur in Symbiose mit dem **Kanarischen Sonnenröschen** (Helianthemum canariense) gedeihen **Wüsten-** bzw. **Sandtrüffel** (Terfezia arenaria), die geschmacklich an Speisetrüffel erinnern. Wenn sie sich im Februar blicken lassen, glaubt man, Erdäpfel vor sich zu haben, weshalb sie im Spanischen „papas crías" („gezogene Kartoffeln") genannt werden.

Kleinwüchsig sind auch die **Tiere**, meist Vögel, Reptilien und Insekten. Entweder gehen sie in der kühlen Nacht auf Jagd oder aber sie haben lange Beine - wie etwa die endemische **Kragentrappe** (Chlamydotis undulata fuerteventurae) -, damit der Abstand zwischen Körper und heißem Boden möglichst groß ist. Nur auf den Ostinseln beheimatet sind die **Haría-Eidechse** (Gallotia atlantica), der **Fuerteventura-Gecko** (Tarentola angustimentalis) und der **Walzen-Skink** (Chalcides simonyi).

050fu Abb.: gs

Kamele, Esel, Ziegen – Fuertes Nutztiere

Von den vielen Tausend **Kamelen,** *die einst als Last- und Zugtier eingesetzt wurden, sind wenige Dutzend übrig geblieben. „Unsere Kamele", so Züchter Manolo „sind klein und breit, gut geeignet für die Feldarbeit. Auf dem afrikanischen Kontinent wirken die Kamele höher, schlanker und eleganter – typische Reittiere, die den Menschen durch die Wüste tragen."*

Auch **Esel** *waren einst nicht von der Insel wegzudenken. Das erste Tier brachten die Konquistadoren um 1450 aus Afrika mit. Die Abstammung vom Equus Asinus Africanus zeigt sich noch heute am Rückenstreifen und an der Zebrastreifung an den Beinen. Früher wurden Esel ausgewildert, auf dass Fuertes Feudalherren ihrer Jagdlust frönen konnten. Ein Zeitzeuge berichtet, er habe 1580 an einer Jagd „mit dem Bischof und dem Herrn der Insel" teilgenommen, bei der viele Esel*

erlegt wurden. Freilich war das Tier nicht in erster Linie Jagdtrophäe, sondern ein Nutztier. Es trug nicht nur Lasten, sondern half auch beim Pflügen der Felder und trieb das Drehrad an, mit dem Grundwasser gefördert wurde. Doch wie das Kamel wurde auch der Esel mit der Mechanisierung der Landwirtschaft überflüssig. Sein Bestand ist derart zurückgegangen, dass der Fuerte-Esel heute als eine vom Aussterben bedrohte Rasse gilt.

Nur die **Ziege** *ist heute noch ein wichtiges Nutztier. 50.000 Exemplare der besonders robusten einheimischen Rasse Cabra Majorera streifen über die Insel und fressen jedes Pflänzchen, das nicht dornenbewehrt ist. Ihre große Zahl ist auf die exquisite Milch zurückzuführen, die sie produzieren – aus ihr wird eines der weltweit besten Molkereiprodukte gewonnen (Exkurs s. S. 108).*

Blick ins Meer

Einige Tiere, die im Meer leben, werden im **Oceanarium** 49 von Caleta de Fustes vorgestellt. Bei **Fahrten mit dem Glasbodenboot,** die in Corralejo 7, Caleta de Fustes 47 und Jandía/Morro Jable 64 starten, erblickt man Fischschwärme und Seegraswiesen. Doch auch auf dem Trockenen kann man fündig werden: Aufgebockte **Riesenskelette** von gestrandeten Walen erinnern daran,

dass viele Meeressäuger in kanarischen Gewässern leben. Ein Finnwal in Las Salinas, ein Pottwal in Jandía (s. S. 73) und ein Cuvier-Schnabelwal an der Punta de Jandía sind die ersten Exemplare eines geplanten „Wal- und Delphinlehrpfads" *(Senda de los Cetáceos).*

051 fu Abb.: fd

◁ *Gecko und Aloe-Pflanze: zwei Fuerte-Klassiker*

▷ *Krebsige Tauch-Bekanntschaft*

Von den Anfängen bis zur Gegenwart

5. Jh. v.Chr. bis 14. Jh. n.Chr.: Zeitalter der Mahohs

Berber aus Nordwestafrika besiedeln die unbewohnten Inseln. Bis heute weiß man nicht, ob sie vor der Ausdehnung der Sahara flohen oder römische Zwangsdeportierte waren. Auf der Insel leben sie in einer **hierarchisch strukturierten Gesellschaft**, in der eine „adelige" Minderheit mit einem auserwählten Herrscher an der Spitze die Bevölkerungsmehrheit regiert.

Die Insulaner nennen sich **Mahohs**, was so viel bedeutet wie „die über das Land laufen", „denen das Land gehört" (heute: Majoreros). Die Ureinwohner wohnen in runden, halb in die Erde versenkten Bauten *(casas hondas)*, halten Ziegen und bauen Gerste an, aus der Gofio-Mehl hergestellt wird (das bis heute auf dem Speiseplan steht). Obwohl sie auf einer In-

sel und in Sichtweite anderer Inseln leben, scheinen sie keine Boote zu benutzen. An der Küste sammeln sie Muscheln und fangen Fische mit der bloßen Hand.

Von ihrer Kultur wird wenig erhalten bleiben: geheimnisvolle Felszeichen (in Tindaya, s. S. 37) und archaische Keramikgefäße, Stein- und Knochenwerkzeuge (in Betancuria, s. ❸❷). Ihre Sprache überdauert in Personennamen sowie in Ortsbezeichnungen, die fast alle mit dem Buchstaben „T" beginnen.

14.–16. Jh.: Conquista und Kolonisation

Im Zuge der europäischen Expansion werden die Inseln von Seefahrern „entdeckt" und auf Karten verortet. Und sie erhalten neue Namen: Die Insel der Mahohs firmiert als „**La Forte Ventura**". Die Bewohner gelten als

052fu Abb.: gs

„gottlose Wilde", was den Vorteil hat, dass man gegen sie einen Kreuzzug führen darf. Sie werden ausgeraubt, versklavt und schließlich 1404 im Namen der kastilischen Krone durch Truppen Jean de Béthencourts unterworfen. (Bereits zwei Jahre zuvor hat der normannische Adelige Lanzarote erobert.)

Der Insel wird das christlich-feudale Herrschaftsmodell übergestülpt. Fortan gehört Fuerteventura einem **allmächtigen Adelsclan**, der nach Belieben über seine Untertanen herrscht und sich einen Großteil ihrer Arbeitserträge aneignet. Als „Zubrot" dienen den neuen Herren Sklavenraubzüge nach Afrika. Europäische Siedler bevorzugen die direkt der spanischen Krone unterstellten Nachbarinseln Gran Canaria, Teneriffa und La Palma.

Bis 1837: adelige Privatdomäne

Fuerteventura ist immer wieder das **Angriffsziel von Piraten:** Erst starten Afrikaner Vergeltungsschläge, ab dem 17. Jahrhundert ziehen Korsaren rivalisierender Kolonialmächte (Niederlande, Großbritannien, Frankreich) plündernd über die Insel. Wer kann, emigriert. Selbst der Inselherrscher zieht nach Teneriffa um und lässt sich vor Ort durch einen Obersten (*Coronel*) vertreten. Erst 1837, mit der Abschaffung der Feudalherrschaft in ganz Spanien, wird auf Fuerte die Adelsherrschaft gebrochen.

◁ *Eine monumentale Huldigung beim Mirador Morro Velosa* **36** *an die letzten Herrscher der Ureinwohner: Guize und Ayose*

1837–1936: zaghafte Modernisierung

Die Bewohner bauen Opuntienkakteen an, auf denen sie Koschenille-Läuse zwecks Gewinnung des roten Farbstoffs Karmin züchten. Mit dem Export des Farbstoffs suchen sie Anschluss an internationale Warenströme. Britische Kaufleute begründen den Anbau von Tomaten, die sie von Puerto del Rosario nach Europa exportieren.

1936–1975: Franco-Diktatur

Der nach Teneriffa strafversetzte General Franco (1892–1975) unternimmt am 18. Juli 1936 einen Staatsstreich gegen die demokratisch gewählte linksliberale Regierung in Madrid. Mit den ihm loyalen Truppen aus den spanischen Kolonien Nordwestafrikas marschiert er auf der Iberischen Halbinsel ein und provoziert einen dreijährigen **Bürgerkrieg**, auf den 36 Jahre **Diktatur** folgen.

Per Dekret herrschen, unterstützt von der Katholischen Kirche, Großgrundbesitzer und Militär. Außenpolitisch isoliert und wirtschaftlich am Rand des Staatsbankrotts, öffnet Franco Spanien für ausländische Investoren und kurbelt den Tourismus an. Fuerteventura wird von dieser Entwicklung vorerst ausgespart, viele Bewohner emigrieren.

1975 bis heute: Anschluss an die Erste Welt

Nach Francos Tod werden die Weichen für Spaniens Eingliederung in die westlichen Bündnissysteme gestellt: Das Land wird eine konstitutionelle Monarchie, tritt 1986 der EG (später EU) und der NATO bei. Die Ka-

Vom Armenhaus zum Einwandererparadies

*Im Verlauf der Geschichte kam es auf Fuerteventura immer wieder zu **Auswanderungswellen**. Landwirtschaft auf Fuerteventura war ein schweres Geschäft, das Wasser knapp und die Erträge gering. Die Fischerei mit den kleinen, kaum hochseetauglichen Booten deckte nur den lokalen Bedarf. Als ab 1960 der Tourismus auf der Nachbarinsel Gran Canaria Arbeits- und Verdienstmöglichkeiten bot, verließen noch einmal viele Familien ihre Dörfer. Fuerteventura verödete so sehr, dass man sich 1975 gar über den Umzug der **Fremdenlegionäre** aus der ehemaligen Kolonie Spanisch-Sahara nach Puerto del Rosario freute. Die Militärs, die mit 4000 Mann ein Viertel (!) der Inselbewohner ausmachten, wurden ihrem Ruf gerecht und überzogen Fuerteventura mit Schrecken und Angst – niemand weinte ihnen eine Träne nach, als sie 20 Jahre später wieder abzogen.*

*In der Zwischenzeit hatte auch auf Fuerteventura der **Tourismus** Einzug gehalten. Plötzlich gab es auf der Wüsteninsel nicht zu wenige, sondern zu viele Arbeitsplätze. So kamen Putzfrauen, Köche und Kellner aus Galicien und Extremadura, den „strukturschwachen Gebieten" vom spanischen Festland. Und es kamen Emigranten aus Spaniens Ex-Kolonien in Südamerika: Kolumbianer, Bolivianer, Ecuadorianer, Peruaner und Argentinier. Vom Bau- und Tourismusboom angelockt, wagten ab den 1990er-Jahren auch Afrikaner den gefährlichen Weg übers Meer auf die Insel. Doch während Mitglieder der Hispano-Community ihren Aufenthalt legalisieren konnten, ist die Lage der Afrikaner bis heute prekär geblieben. Als rechtlose Schwarzarbeiter dürfen sie sich schon glücklich schätzen, nicht ausgewiesen zu werden.*

In wenigen Jahren erhielt die Insel eine vorbildliche, von der EU mitfinanzierte Infrastruktur, sodass sich hier auch viele Nord- und Mitteleuropäer niederließen und ein Geschäft eröffneten. Fuerteventuras Einwohnerzahl schnellte binnen 40 Jahren von 10.000 auf mehr als 105.000. Bleibt abzuwarten, wie sich die Situation in Zeiten der Krise weiterentwickelt …

naren als „ultraperiphere Region" erhalten großzügige **EU-Fördergelder für den Ausbau der Infrastruktur.**

Auch **Fuerteventura wird touristisch erschlossen**, erhält Schnellstraßen, Meerwasserentsalzungsanlagen, einen erstklassigen Flughafen, Golfplätze und Komfortunterkünfte. Die Bevölkerungszahl vervielfacht sich, die meisten Einwanderer kommen vom spanischen Festland und aus Südamerika.

Die globale **Finanz- und Weltwirtschaftskrise** ab 2008 trifft Spanien hart und führt auf Fuerteventura zu einem faktischen Baustopp, doch die Zahl der Urlauber bleibt mit knapp 2 Millionen nahezu unverändert. Für viel Unruhe sorgt der Vorstoß der Zentralregierung in Madrid, vor den Küsten Fuerteventuras nach Erdöl bohren zu lassen.

> *Alternatives Fortbewegungsmittel für sandigen Untergrund*

PRAKTISCHE REISETIPPS

004fu Abb.: gs

An- und Rückreise

Fuerteventura wird von allen großen Städten Deutschlands, Österreichs und der Schweiz angeflogen. Die meisten Flüge bieten RyanAir (www.ryanair.com) und AirBerlin (www.air-berlin.com), TuiFly (www.tuifly.com) und Condor (www.condor.com).

Der **internationale Flughafen Fuerteventura** befindet sich an der Ostküste, wenige Kilometer südlich der Hauptstadt Puerto del Rosario, etwa auf halber Strecke zwischen Corralejo und der Halbinsel Jandía. Pauschalurlauber werden per Bus zur gebuchten Unterkunft gebracht, Individualurlauber kümmern sich um den Transfer selbst. In der Ankunftshalle befinden sich neben der **Touristeninformation** (tgl. 8–20 Uhr) mehrere **Autovermietungen,** vor dem Ausgang warten **Taxis** und **Linienbusse** Richtung Puerto del Rosario (Linien 3 u. 10) bzw. Morro Jable (Linie 10). Infos zum Busfahrplan erhält man unter www.maxoratabus.com/tiadhe (→Rutas/Horario).

Autofahren

Mietwagen

Mietwagen sind günstig, man bekommt sie am Flughafen, in der Hauptstadt und in allen größeren Ferienzentren. Eine verlässliche kanarische Firma mit gut gewarteten Autos und dichtem Filialnetz ist **Cicar** (Tel. 928822900, www.cicar.com).

Wer auf Fuerteventura ein Auto mieten will, muss mindestens 21 Jahre alt und ein Jahr im Besitz eines gültigen Führerscheins sein. Personalausweis und nationaler Führerschein sind bei Abschluss des Mietvertrages vorzulegen. Bevor man den Vertrag unterschreibt, sollte man das Fahrzeug **gründlich** in Bezug auf Reifenprofil sowie Lenkung, Bremse und Kupplung **prüfen.** Auch sollte man kontrollieren, ob Seitenspiegel und Scheibenwischer in Ordnung sind und ob sich ein Ersatzreifen sowie zwei Warndreiecke im Gepäckraum befinden. Im Vertrag ist zu vermerken, wie

053fu Abb.: gs

voll der Tank bei Rückgabe des Fahrzeugs zu sein hat (sollte mit dem aktuellen Stand der Tankanzeige identisch sein).

Ein **Preisvergleich** zwischen den örtlichen Anbietern lohnt. Viele Verleihfirmen locken mit solidem Grundpreis, überraschen den Kunden dann jedoch mit unangenehm hohen Steuer- und Versicherungskosten. Schäden auf nichtasphaltierten Straßen, z.B. der Piste nach Cofete, sind versicherungsrechtlich meist nicht gedeckt, doch sollte die Beschränkung für Geländewagen nicht gelten. Rabatt wird bei einer Miete ab drei Tagen gewährt, noch preiswerter ist es, Autos auf Wochenbasis zu mieten. Fast immer werden die Verträge auf Spanisch abgeschlossen.

Tankstellen

Tankstellen öffnen zwischen 7 und 9 Uhr und schließen zwischen 20 und 22 Uhr, an Sonn- und Feiertagen haben sie bis auf wenige Ausnahmen geschlossen.

Verkehrsregeln

In Spanien werden Verkehrsverstöße mit **hohen Geldstrafen** geahndet. Wer zu viel Alkohol im Blut hat, muss gar mit dem Entzug der Fahrerlaubnis rechnen.

> **Vorfahrt:** An stark befahrenen Straßen wurden kreisähnliche Verteiler angelegt, die Urlaubern Probleme bereiten. Will man von der Hauptstraße links abbiegen, muss man rechts in den Halbkreis einschwenken, der entgegen dem Uhr-

zeigersinn zur quer verlaufenden Hauptstraße führt, an ihr auf jeden Fall stoppen, um sie anschließend frontal zu kreuzen. Kommt man dagegen von einer Nebenstraße und will links in die Hauptstraße abbiegen, so fährt man im Bogen bis zu dieser heran, kreuzt sie und fährt links in den Halbkreis hinein. Dort wählt man wieder die rechte Spur zum Einordnen in die Hauptstraße.

> **Höchstgeschwindigkeit:** innerhalb geschlossener Ortschaften 50 km/h (mindestens 25 km/h), auf Überlandstraßen 90 km/h (mindestens 45 km/h), auf Straßen mit mehr als einer Fahrspur in jeder Richtung 100 km/h (mindestens 50 km/h)

> **Park- bzw. absolutes Halteverbot:** gelbe Kennzeichnung am Bordstein

> **Gebührenpflichtiges Parken** (Automat): blaue Markierung am Bordstein

> **Überholverbot:** 100 m vor Kuppen und auf Straßen, die nicht mindestens 200 m zu überblicken sind

> **Anschnallpflicht:** Gilt innerhalb und außerhalb geschlossener Ortschaften. Für Kinder unter drei Jahren sind Kindersitze vorgeschrieben, Kinder über drei Jahren sollten, sofern sie keine 1,50 m groß sind, auf einer Rückhaltevorrichtung sitzen.

> **Alkoholgrenze:** 0,5 Promille, Fahranfänger (Führerscheinbesitzdauer unter 2 Jahre) 0,3 Promille

> **Telefonieren:** nur mit Freisprechanlage

> **Tanken:** Handy, Autoradio und Motor müssen ausgestellt sein.

> **Abschleppen:** Privatabschleppen ist nicht erlaubt, nur von Unternehmen mit Lizenz *(grúa).*

> **Warndreieck/Westenpflicht:** Im Falle einer Panne oder eines Unfalls sind vor und hinter dem Fahrzeug Warndreiecke aufzustellen. Der Fahrer verlässt das Fahrzeug mit reflektierender gelber oder orangener Warnweste (Euronorm EN 471).

◁ *Auch im Bergland sind die meisten Straßen gut ausgebaut*

Unfall

Ist der verunfallte Wagen gemietet, ist die Verleihfirma zu verständigen. Wurde eine Person verletzt, sollte unbedingt die **Polizei** (Guardia Civil) gerufen werden. Über die **Notrufnummer 112** erreicht man die Zentrale für alle Notfälle (auch deutschsprachig). Über Computer wird der Standort des Anrufers verortet und der nächste Notarzt- bzw. Polizeiwagen verständigt. Es empfiehlt sich, die Kfz-Nummern der Beteiligten sowie deren Namen, Anschrift und Versicherung aufzuschreiben. Leider hört man im Zusammenhang mit Unfällen immer häufiger, dass Ausländer im Nachteil sind, auch wenn sie keine Schuld tragen. Heimische Automobilclubs geben ihren Mitgliedern Rat in solchen Notsituationen. Hier die **Notrufnummern** der wichtigsten Clubs:

> **ADAC,** Tel. 0049 89 222222, www.adac.de
> **ÖAMTC,** Tel. 0043 1 2512000, www.oeamtc.at
> **TCS,** Tel. 0041 22 4172220, www.tcs.ch

Barrierefreies Reisen

Aktuelle Infos bekommt man bei der **Bundesarbeitsgemeinschaft des Clubs Behinderter und ihrer Freunde e. V.** in Mainz (Tel. 06131 225514). Der Verein hat eine Broschüre herausgegeben, in der alle Reiseveranstalter mit Angeboten für Reisende mit Behinderung aufgelistet sind.

Leider sind auf Fuerteventura nur die neueren Anlagen auf die Bedürfnisse von Behinderten eingestellt. Dazu gehören die beiden Robinson-Clubs, das Atlantis Bahía Real und die Hotels von Riu und Elba.

Diplomatische Vertretungen

> **Deutsches Konsulat,** Calle Albareda 3-2° (nahe Parque Santa Catalina), Las Palmas de Gran Canaria, Tel. 928491880, www.las-palmas.diplo.de, Mo–Fr 9–12 Uhr
> **Österreichisches Konsulat,** Hotel Eugenia Victoria, Av. Gran Canaria 26, Playa del Inglés, Gran Canaria, Tel. 928762500, Mo–Fr 10–12 Uhr
> **Schweizer Botschaft,** Calle Núñez de Balboa 35, 28001 Madrid, Tel. 914363960, www.eda.admin.ch/madrid, Mo–Fr 9–13 Uhr

Geldfragen

Zwei Personen zahlen für das **Doppelzimmer** in einer Pension etwa 50 €, im Hotel 60–180 €, im Landhaus ab 70 €. Die Preise im **Supermarkt** entsprechen in etwa denen in Deutschland, nur Tabak und Zigaretten sind noch deutlich billiger.

In vielen kanarischen **Restaurants** wird werktags ein spezielles Mittagsmenü angeboten, das mit 8–14 € (Vor-, Haupt- und Nachspeise plus Getränk) kein großes Loch ins Portemonnaie reißt. Der Zugang zu den **Stränden** ist frei, doch zwei Liegestühle plus Schirm kosten stolze 12 €. Für die Teilnahme an einer geführten **Tagestour** müssen Wanderer mit 25–40 € kalkulieren, ein Surfkurs für Anfänger schlägt mit 150 € zu Buche.

▷ *Sandkünstler erwarten einen kleinen Obolus, Kurtaxe ist hingegen auf den Kanaren ein Fremdwort*

Fuerteventura preiswert

Kostenlos ist der **Eintritt** im Casa Museo Unamuno ❺ und im Centro de Arte Contemporáneo Juan Ismael ❻ (beide in Puerto del Rosario sowie im Poblado de Atalayita ㊶.

Kinder von 3 bis 12 Jahren zahlen in allen übrigen Museen meist nur die Hälfte. **Rabatt auf den Eintrittspreis** erhalten oft auch Studenten und ältere Personen ab 60 oder 65 Jahren.

Beim Essen reißt das dreigängige „**menú del día**" (Tagesmenü), das meist auch ein Getränk einschließt, kein Loch ins Portemonnaie.

Spaß macht auch ein **Picknick,** das man sich im Supermarkt zusammenkauft – mit Mietwagen, der auf Fuerteventura vergleichsweise günstig ist, gelangt man zu den schönsten Picknickstellen!

Glücklicherweise gibt es auf der Insel keine Kurtaxe, alle **Strände** sind frei zugänglich.

Und eine gute Nachricht für Wanderer: Von Februar bis November organisiert die Inselregierung unter dem Namen „Fuerteventura al golpito" mehr als 30 **Gratis-Wanderungen,** die von Führern geleitet werden. Infos: Tel. 928862377.

054fu Abb.: gs

Preise für **Verkehrsmittel:**
❯ Linienbus Puerto del Rosario – Corralejo 3,40 €
❯ Linienbus Puerto del Rosario – Morro Jable 10 €
❯ Taxi Flughafen – Morro Jable 93 €
❯ Taxi Flughafen – Corralejo 44 €
❯ Mietauto pro Tag 20–30 €

Mit **Kreditkarte** kann in fast allen Hotels und Restaurants, an Tankstellen und in Supermärkten bezahlt werden. Größere Orte wie Puerto del Rosario und Gran Tarajal sowie alle Ferienorte sind gut mit **Geldautomaten** (*telebancos*) bestückt, die **Maestro-Karten** akzeptieren.

Informationsquellen

Infostellen zu Hause

❯ **Spanisches Fremdenverkehrsamt Berlin,**
Kurfürstendamm 63, 10707 Berlin,
Tel. 030 8826543
❯ **Spanisches Fremdenverkehrsamt Wien,**
Walfischgasse 8 Nr. 14, 1010 Wien,
Tel. 01 512958011
❯ **Spanisches Fremdenverkehrsamt**
Zürich, Seefeldstr. 19, 8008 Zürich,
Tel. 044 2536050
❯ Im Internet: **www.spain.info/de**

Infostellen auf der Insel

Auf Fuerteventura erhält man aktuelle Pläne und Broschüren beim *Patronato de Turismo,* dem **Fremdenverkehrsamt in der Hauptstadt Puerto del Rosario** (s. S. 17). Weitere Informationsbüros *(oficinas de turismo)* gibt es in Corralejo, El Cotillo, Caleta de Fustes, Gran Tarajal und Jandía.

Fuerteventura im Internet

❯ **www.fuerteventuraturismo.com:**
Das Fremdenverkehrsamt informiert über Sport und Kultur, Verkehrsmittel, Unterkünfte und Restaurants, Einkaufsmöglichkeiten und Gesundheitstourismus. Hilfreich ist der wöchentliche Veranstaltungskalender!
❯ **www.fuerteventuralive.de:** Außer der üblichen „Urlaubsplanung", d. h. der Vermittlung von Unterkünften und Mietautos, gibt es Texte zu den wichtigsten Inselorten und Infos zu den Stränden.
❯ **www.fuerteventura-infos.de:** Im Open-HolidayGuide des Fuerte Fan Magazins findet man Wissenswertes zu den Themen Urlaub, Leben und Arbeiten auf Fuerteventura, außerdem interaktive Infos zu Orten und Stränden, das aktuelle Wetter und die Gezeitentabellen sowie last, but not least das Leserforum für Inselfans.
❯ **www.fuerteventuramagazinehoy.com:**
monatlich erscheinendes Online-Magazin mit aktuellen Artikeln und Werbung, Busfahrplan und Gezeitenkalender
❯ **www.fuerteventura-tour.com:** Vermittlung von Unterkünften mit detaillierter Beschreibung.

Publikationen und Medien

Deutschsprachige Zeitungen und Zeitschriften kommen auf Fuerteventura meist mit einem Tag Verspätung an. Man findet sie am Flughafen sowie in den Zeitungsläden und Supermärkten der Ferienorte.

Für Residenten erscheint alle 14 Tage die „**Fuerteventura Zeitung**" (www.fuerteventurazeitung.de). Gratis sind das vierteljährlich erscheinende Magazin „**Spirit of Fuerteventura**" (www.spiritoffuerteventura.com) und das monatlich publizierte deutschsprachige Themenmagazin „**El Foco**" (www.el-foco.eu).

Apps

❯ **Fuerteventura2GO:** Fuertes Fremdenverkehrsamt bietet diese Gratis-App mit Restaurantempfehlungen, Märkten und Veranstaltungshinweisen (www.fuerteventura2go.net, kostenlos für iOS).
❯ **Live Fuerteventura:** App mit Bildern und Beschreibungen eines Insel-Fotografen (auf Spanisch und Englisch, kostenlos für iOS und Android).

Internet

Die **Internetcafés** auf Fuerteventura sterben aus, doch gibt es in jedem Ort Bars und Hotels, die **WLAN gratis** anbieten. Wer weder Notebook noch

Smartphone dabei hat, wird in vielen Hotels kräftig zur Kasse gebeten: Für eine Stunde zahlt man oft 5–12 €.

Medizinische Versorgung

Gesetzlich krankenversicherte Patienten können sich kostenlos im **Krankenhaus von Puerto del Rosario** (Hospital General de Fuerteventura, Ctra. Gral. al Aeropuerto km 1, Tel. 928862000*)* und in den lokalen **Gesundheitszentren** *(Centros de Salud)* behandeln lassen. Vorzulegen sind der Personalausweis und die **Europäische Krankenversicherungskarte EHIC** (European Health Insurance Card), gültig für alle Länder der EU und die Schweiz. Die Karte erhält man bei der eigenen gesetzlichen Krankenversicherung.

Alle Ärzte, die außerhalb staatlicher Institutionen praktizieren, sind **Privatärzte**. Wer sich bei ihnen behandeln lässt, zahlt die Rechnung bar. Da die Erstattung dieser Rechnungen im kassenüblichen Rahmen nicht garantiert ist, empfiehlt es sich, sich durch eine **Auslandsreisekrankenversicherung** ohne Selbstbeteiligung gegen sämtliche Risiken abzusichern.

Apotheken *(farmacias)* sind durch ein grünes Kreuz auf weißem Grund gekennzeichnet und öffnen zu normalen Geschäftszeiten. Medikamente sind durchweg preiswerter als in Deutschland. Feiertags- und Nachtdienst *(farmacia de guardia)* sind an der Eingangstür der Apotheken angezeigt.

Meine Literaturtipps

*Der **Costa-Calma-Naturführer** von Martin Lechner, den man vor Ort im deutschsprachigen Buchladen in Costa Calma (s. S. 65) kaufen kann, ist ein guter Strandbegleiter. Ob Portugiesische Galeere oder Herzmuschel, tippelnder Sanderling oder eleganter Seidenreiher – alle Tiere, denen man unterwegs begegnet, werden mit Bild und kurzem Text vorgestellt. Auch die Pflanzen kommen nicht zu kurz. Dornlattich, Salzkraut und Wüstenorchidee sind einige der präsentierten Fuerte-Exoten.*

*Wer sich eher für Meerestiere interessiert, greift zu Fabian Ritters **Wale und Delfine der Kanarischen Inseln** (Halle 2012). Das attraktiv bebilderte Bestimmungsbuch stellt mittels Zeichnungen und Fotos alle Wal- und Delfinarten der Kanaren vor. Detailliert werden ihre spezifischen Merkmale und Verhaltensweisen herausgearbeitet. Ein separates Kapitel ist sanftem Whalewatching gewidmet.*

059fu Abb.: gs

⊳ *Geht's hier zum Arzt?*

Mit Kindern unterwegs

Für Familien ist Fuerte eine gute Wahl – nicht zuletzt wegen der vielen **weiten und flach abfallenden Strände.** Allein über 20 Kilometer erstreckt sich der Strand von Costa Calma ❻⓿ bis Morro Jable ❻❹. Die Riesendünen bei Los Gorriones ❻❷ bereiten Kindern ganz besonderen Spaß – und bei Ebbe verwandelt sich die vorgelagerte Lagune in ein riesiges Wattgebiet, in dem man Muscheln aller Art entdecken kann. Toll sind freilich auch die Dünen bei Corralejo ❼, ideal zum Planschen sind die Lagunen von El Cotillo ⓭. Familien mit Kleinkindern könnte der geschützte Strand von Caleta de Fustes ❹❼ zusagen. Durch weit vorspringende Felsarme ist die Bucht fast geschlossen, weder Brandung noch Strömungen können sich ausbilden. Wem das alles nicht reicht, kann den **Parque Aquático Baku** (s. S. 20) in Corralejo besuchen, der mit Wasserrutschen und einem Piratenschiff aufwartet.

Auf der Fahrt über die Insel bekommt man gewiss die possierlichen **Atlashörnchen** zu Gesicht – 1965 wurden sie eingeführt und haben sich rasch vermehrt (s. S. 44). Besonders oft sieht man sie an den Klippen von Las Gaviotas und im Tal von Vega de Río Palmas ❸❼. Vergnügen bereitet Kindern auch der **Oasis Parque** von La Lajita ❺❾, wo man Shows mit Papageien, Greifvögeln und Seelöwen erleben kann. Im **Oceanarium** ❹❾ von Caleta de Fustes können Kinder Fische füttern und streicheln. Noch näheren Kontakt zu Tieren haben Kinder beim Ritt auf dem Kamel, für den man leider extra zahlen muss. Noch immer gratis ist der Besuch der „Schwarzen Höhle", zu der man über einen spektakulären Klippenweg gelangt – wohl die schönste Wanderung für Kinder (s. S. 95).

Bei ruhiger See bieten sich **Bootsausflüge** an. Von Corralejo schippern Schiffe zur Isla de Lobos ⓬, wo man einen Tag à la Robinson verbringen kann. Im Glasbodenboot kann man durch das Panoramafenster Fischschwärme beobachten, mit etwas Glück flitzt ein Engelshai vorbei. Meerestrips starten auch von Caleta de Fustes und Morro Jable: Mit Windjammer und Katamaran geht es auf die hohe See hinaus, im U-Boot zum Meeresgrund hinab.

Notfälle

Notruf

Der **Notruf 112** ist eine zentrale Rufnummer für alle Notfälle – Polizei, Arzt und Feuerwehr. Anrufe werden auch auf Deutsch beantwortet, der Anschluss ist rund um die Uhr besetzt.

Diebstahl

Wird der **Reisepass bzw. Personalausweis gestohlen,** muss man das bei der örtlichen Polizei melden und zwecks Beschaffung eines für den Rückflug nötigen Ersatzausweises das Konsulat (s. S. 120) kontaktieren.

Kartenverlust

Bei **Verlust der Debit-(EC-)** oder der **Kreditkarte** gibt es für Kartensperrungen eine **deutsche Zentralnummer** (unbedingt vor der Reise klären, ob die eigene Bank diesem Notrufsystem angeschlossen ist). **Aber Achtung:** Mit der telefonischen Sperrung sind die Karten zwar für die Bezahlung/Geldabhebung mit der PIN gesperrt, nicht jedoch für das **Last-schriftverfahren mit Unterschrift.** Man sollte daher auf jeden Fall den Verlust zusätzlich **bei der Polizei zur Anzeige bringen,** um gegebenenfalls auftretende Ansprüche zurückweisen zu können.

In **Österreich** und der **Schweiz** gibt es keine zentrale Sperrnummer, daher sollten sich Besitzer von in diesen Ländern ausgestellten Debit-(EC-) oder Kreditkarten vor der Abreise bei ihrem Kreditinstitut über den zuständigen Sperrnotruf informieren.

Generell sollte man sich immer die **wichtigsten Daten** wie Kartennummer und Ausstellungsdatum **separat notieren,** da diese unter Umständen abgefragt werden.

❭ **Deutscher Sperrnotruf:** Tel. +49 116116 oder Tel. +49 3040504050
❭ **Weitere Infos:** www.kartensicherheit.de, www.sperr-notruf.de

Öffnungszeiten

❭ **Banken:** meist Mo–Fr 9–14 Uhr, Sa 9–13 Uhr
❭ **Post:** meist Mo–Fr 9–14 Uhr, Sa 9.30–12 Uhr
❭ **Behörden:** Mo–Fr 9–14 Uhr
❭ **Geschäfte:** Supermärkte meist 9–20 Uhr, kleinere Läden Mo–Fr 9–13 und 17–20 Uhr, Sa 9–13 Uhr. In Touristengebieten sind Geschäfte oft auch am Sonntag geöffnet.
❭ **Kirchen:** oft nur während der Messe geöffnet
❭ **Hinweis:** Im Hochsommer öffnen viele Geschäfte nur vormittags, die Banken bleiben samstags geschlossen und auch für Museen gelten eingeschränkte Öffnungszeiten.

Post

Briefmarken *(sellos)* bekommt man beim Postamt *(correos)* und in Tabakläden *(estancos),* oft auch an der Hotelrezeption. Die offiziellen **Briefkästen** erkennt man an ihrer gelben Farbe, hier bitte nur Briefe einwerfen, die mit Marken der staatlichen Post frankiert sind. Anders frankierte Briefe werden nicht befördert. Die „Laufzeit" von Briefen beträgt meist 5–8 Tage, während der Weihnachtsferien zwei bis vier Wochen.

Man kann bei der Post auch Briefe erhalten. **Postlagernde Sendungen** (Zusatz: *lista de correos,* Nachname in Druckbuchstaben) werden zwei Wochen aufbewahrt. Beim Abholen den Ausweis nicht vergessen!

Sicherheit

Die Arbeitslosigkeit ist hoch, deshalb besteht auch auf Fuerteventura ein **Diebstahlrisiko.** Im Mietwagen sollte man Wertgegenstände nie unbeaufsichtigt zurücklassen. Auch an stark besuchten Stränden ist Vorsicht geboten. Es kann nicht ausgeschlossen

055fu Abb.: kw

❭ *Ein Briefkasten als Werbeträger*

werden, dass sich Langfinger unter die Badegäste mischen und genau registrieren, wann sich bestimmte Touristen ins Meer stürzen und ihre Gegenstände unbewacht zurücklassen. Für Wertsachen und Dokumente, die in der Unterkunft verloren gehen, haften Hotels nur, wenn diese im Safe – gegen Quittung und Gebühr – deponiert wurden.

Wird man trotz aller Vorsichtsmaßnahmen Opfer eines Diebstahls, so muss, um spätere Ansprüche bei der Versicherung geltend machen zu können, ein **Polizeiprotokoll** angefertigt werden. Wer kein Spanisch spricht, lässt sich, bevor die Meldung *(denuncia)* bei der Polizeistelle *(Guardia Civil)* erfolgt, beim Konsulat (s. S. 120) ein zweisprachiges Formblatt (Schadensmeldung) ausstellen. Wurde der Personalausweis gestohlen, so wird ein Ersatzausweis erst dann vom örtlichen Konsul ausgestellt, wenn diesem die Anzeige- und Verlustbestätigung der örtlichen Polizeibehörde vorliegt, dazu zwei Passfotos und möglichst auch eine Kopie des gestohlenen Ausweises.

056fu Abb.: kw

denn schon durch einen freundlichen Gruß kann man unter Umständen Pluspunkte sammeln und mit dem Pensionsbesitzer einen guten Preis aushandeln. Damit man beim Essen nichts Falsches bestellt, findet sich am Ende der Sprachhilfe auch ein „Gastronomisches Glossar".

Sprache

Die „**Kleine Sprachhilfe Spanisch**" im Anhang (s. S. 134) soll dabei helfen, sich auf Fuerteventura auch außerhalb der vertrauten Hotelumgebung zurechtzufinden, etwa im Restaurant, bei der Autovermietung oder während des Einkaufs. Es lohnt sich, ein paar Brocken Spanisch zu lernen,

☐ *In dieser Crêperie gibt es Saft, belegte Brötchen, Frühstück …*

LITERATURTIPP

Spanisch für die Kanarischen Inseln

Dieser Band eignet sich bestens für die schnelle Verständigung vor Ort und wendet sich vor allem an Einsteiger. Er enthält Ausspracheregeln, Wörterlisten und wichtige Redewendungen. Ganz nebenbei lernt man sprachliche Besonderheiten und erfährt, was im Umgang mit den Kanariern irritierend wirkt. Begleitend zum Buch ist ein AusspracheTrainer auf CD erhältlich.

❯ **Spanisch für die Kanarischen Inseln – Wort für Wort**, Kauderwelsch-Band 161, REISE KNOW-HOW Verlag, Bielefeld

Touren, organisierte

In fast allen Hotels liegen Prospekte mit aktuellen Tourenangeboten aus. Groß ist das Interesse an der „Grand Tour", der Inselrundfahrt im Bus mit Museumsbesuch und kanarischem Mittagessen.

Auf der unter Ökologen umstrittenen **Offroad-Safari** erkundet man Fuerte im Geländewagen. Abenteuer auf unbefestigten Pisten verspricht auch die **Buggy- und Quad-Tour**. Umweltschonend ist die Fahrt im **Segway**, einem fast geräuschlosen Elektroroller.

Hochseeangeltouren und Schiffsausflüge starten in allen Hafenorten. Von Corralejo aus werden Fahrten nach Lobos ⑫ (im Glasbodenboot) und Lanzarote (z.B. im Volcano Express) organisiert, im Süden erkundet man mit einer Segeljacht die Strände von Jandía oder startet mit der Subcat zur „Submarine Tour" (s. S. 89).

Anbieter

❯ www.fuerteventuraexcursions.com
❯ **Fuerteventura Aktiv**, Calle LTU (Hotel Taro Beach), Costa Calma (s. S. 98)
■ **Senda Ventura** ‹149› Cosmo Shopping Center, Jandía, Mobiltel. 638679504, www.segway-fuerteventura.de

Telefonieren

Die **Vorwahl** für Fuerteventura von Deutschland, Österreich und der Schweiz lautet **0034** für Spanien, dann folgt die neunstellige Nummer des Anschlussinhabers. Bei Gesprächen ins Ausland wählt man 0049 für Deutschland, 0043 für Österreich und 0041 für die Schweiz, danach die Ortsvorwahl ohne Anfangsnull und die Rufnummer des Teilnehmers. Man telefoniert am besten mit

Telefonkarten *(tarjetas telefónicas)*, die man auf der Post und in Tabakläden erhält. Gespräche zwischen 22 und 6 Uhr sind günstiger. Die nationale **Fernsprechauskunft** ist unter der Nummer 11818, die internationale unter 11825 zu erreichen.

Das eigene **Mobiltelefon** lässt sich in Fuerteventura problemlos nutzen. Wegen hoher Gebühren sollte man bei seinem Anbieter nachfragen, welcher der **Roamingpartner** günstig ist und diesen per manueller Netzauswahl voreinstellen. Nicht zu vergessen sind die passiven Kosten, wenn man von zu Hause angerufen wird (Mailbox besser abstellen!). Der Anrufer zahlt nur die Gebühr ins heimische Mobilnetz, die teure Rufweiterleitung ins Ausland zahlt der Empfänger. Dank eines EU-Beschlusses gelten für das Telefonieren mit Handy im EU-Ausland maximale Preisobergrenzen, nachzulesen z. B. unter www.billiger-telefonieren.de.

Besorgt man sich allerdings eine **Prepaid-Karte** *(tarjeta prepago)* und tauscht diese gegen die deutsche SIM-Karte aus (Handy muss SIM-Lock-frei sein), zahlt man nichts für ankommende Anrufe.

Trinkgeld

In Restaurants sind 5–10 % Trinkgeld üblich – wenn man mit der Bedienung wirklich zufrieden war.

Uhrzeit

Nach der Ankunft auf Fuerteventura muss man die Uhr um eine Stunde zurückstellen, denn auf den Kanaren gilt die UTC bzw. im Sommer die UTC+1.

Unterkunft

Pauschal oder individuell

Die meisten Fuerteventura-Urlauber buchen pauschal und wohnen in den Ferienorten an der geschützten Ostseite der Insel. Dabei wird es umso „deutscher", je weiter man nach Süden vorstößt. Sehr viele Hotelzimmer und Apartments gibt es in Corralejo (im Norden), in Caleta de Fustes (nahe dem Flughafen) sowie in Costa Calma, Esquinzo-Butihondo und Jandía (alle im Süden).

Wer sich für einen Ferienclub entscheidet, legt Wert auf ein umfassendes Sport- und Unterhaltungsangebot, in der Regel auch auf Action und Animation. Die bekanntesten Clubs liegen auf der **Halbinsel Jandía** und sind zu über 90 % mit deutschen Gästen belegt.

Auch **abseits der Touristenzentren** gibt es schöne Unterkünfte, teils an der Küste, teils höher gelegen. Das Angebot reicht von Pensionen und Privatzimmern über Apartments bis zu einfachen Hotels und Landhäusern. Erschwingliche Unterkünfte findet man in Corralejo, Lajares und El Cotillo, Ajuy, Betancuria und Antigua, Puerto del Rosario und Morro Jable.

Urlaub im Landhaus

Alle Nachbarinseln bieten *Turismo Rural* (Urlaub auf dem Land), nun will auch Fuerte von diesem Trend profitieren. Erste Landhäuser in kanarischem Stil wurden bereits restauriert und zu Unterkünften umgestaltet. Über das stets wachsende Angebot informiert man sich auf den Internetseiten der auf Landurlaub spezialisierten Agenturen. Die Vermietung der Häuser erfolgt i. d. R. auf Wochenbasis.

Preiskategorien Unterkünfte

€	bis 45 €
€€	45–90 €
€€€	90–130 €
€€€€	über 130 €

Die Preise gelten jeweils für ein **Doppelzimmer ohne Frühstück**. Für ein Einzelzimmer zahlt man in der Regel 70 % des Doppelzimmer-Preises.

> www.acantur.es
> www.casas-rurales.info
> www.islas-canarias-reisen.de
> www.janke-reisen.de
> www.finca-selection.de
> www.fincaferien.de
> www.lascasascanarias.com

Camping

El Brasero, der einzige Campingplatz der Insel, befindet sich an der FV-2 bei Tarajalejo, 1,5 Kilometer von der Küste entfernt und inmitten eines staubigen Tals. Er ist Teil einer bescheidenen Freizeitanlage mit Pool und Restaurant und verfügt über 100 Stellplätze. Mag man auch vom Ambiente nicht begeistert sein, so ist dies doch die preiswerteste Art, auf Fuerte Urlaub zu machen: Eine Familie mit zwei Kindern zahlt inkl. Nebenkosten weniger als 40 € pro Tag (Tel. 928161182).

„**Wildes Zelten**" ist offiziell nicht erlaubt. Sollte das freie Zelten in ausgewählten Zonen demnächst wieder er-

▷ *Urlaub im Landhaus – eine echte Alternative zu den Hotels an der Küste*

laubt sein, so erfährt man dies beim Umweltamt in Puerto del Rosario: Medio Ambiente, Calle Lucha Canaria 112, Ecke Av. Juan de Béthencourt (2 km in nordwestlicher Richtung stadtauswärts), Tel. 928852106, Mo–Fr 8–14 Uhr.

Reservierung

Wer in einer Pension oder einem Hotel ohne Voranmeldung eintrifft, kann Pech haben – und dies nicht nur während der Weihnachts- und Osterferien. Es empfiehlt sich, mindestens zwei Tage im Voraus anzurufen und das Zimmer zu reservieren – ein paar Spanisch-Sprachkenntnisse erweisen sich da als nützlich (Sprachhilfe s. S. 134). Die Vorwahl für Spanien lautet 0034, es folgt die Telefonnummer der gewünschten Unterkunft.

EXTRAINFO

Verbrauchertipp

Wer sich im Hotel oder Restaurant oder auch bei der Autoverleihfirma schlecht behandelt fühlt, kann sich zur Wehr setzen. Oft reicht die bloße Frage nach dem **Beschwerdebuch** *(libro de reclamaciones)*, um Konfliktstoff im Handumdrehen aus der Welt zu schaffen. Alle touristischen Unternehmen sind in Spanien verpflichtet, das weiße Büchlein offen sichtbar auszuhängen. Auf Verlangen wird dem Gast ein nummeriertes Beschwerdeblatt ausgehändigt, das der Kritisierte innerhalb eines Monats der Tourismusbehörde zuleiten muss. Die Klage, die auch auf Deutsch verfasst sein darf, hat viel Gewicht, denn bei mehreren Einträgen droht dem Unternehmen Lizenzentzug.

Verkehrsmittel

Bus

Busse *(guaguas)* sind auf Fuerteventura **sehr preiswert**. Die Gepäckstücke, aber Fahrräder leider nicht, werden kostenlos befördert.

Fast alle wichtigen Orte sind ans **Liniennetz** angeschlossen, doch werden sie oft nur ein- oder zweimal pro Tag angesteuert. Zu selten verkehren Busse etwa auf der landschaftlich reizvollen Strecke Pájara – Betancuria – La Oliva; gar nicht mit Bus erreichbar sind Orte wie Ajuy und Pozo Negro.

Was mit dem Bus machbar ist, lässt sich mit Hilfe der unten stehenden Linienübersicht ermessen. Details können sich jedoch jederzeit ändern, darum empfiehlt es sich, die Angaben direkt vor Ort zu überprüfen. Bei den Touristeninformationen in Puerto del Rosario, Corralejo und Jandía bekommt man den neuesten Busplan ausgehändigt. **Informationen zu Liniennetz und Abfahrtszeiten** findet man auch im Internet unter www.fuerteventuratransportes.com und www.maxoratabus.com/tiadhe/de/rutas.htm.

Buslinien

> **Linie 1: Puerto del Rosario** – Antigua – **Morro Jable** (Gesamtdauer 135 Min.), etwa halbstündliche Intervalle
> **Linie 2: Puerto del Rosario** – Tefía – Betancuria – **Vega de Río Palmas** (60 Min.), Mo–Sa 3-mal täglich
> **Linie 3: Puerto del Rosario** – Flughafen – Caleta de Fustes – **Las Salinas** (25 Min.), Mo–Sa etwa halbstündlich, So nahezu stündlich
> **Linie 4: Pájara** – La Pared – Costa Calma – **Morro Jable** (90 Min.), Mo–Sa 1-mal täglich

> **Linie 5: Morro Jable** – **Costa Calma** (45 Min.), Mo–So meist stündliche Intervalle
> **Linie 6: Corralejo** – Parque Holandés – **Puerto del Rosario** (45 Min.), Mo–Sa meist stündliche Intervalle, So halbstündlich
> **Linie 7: Puerto del Rosario** – La Oliva – Corralejo – **El Cotillo** (60 Min.), Mo–So 3-mal täglich
> **Linie 8: Corralejo** – La Oliva – **El Cotillo** (50 Min.), Mo–So stündliche Intervalle
> **Linie 9: Pájara** – Gran Tarajal – **Morro Jable** (100 Min.), Mo–So 1-mal täglich
> **Linie 10: Puerto del Rosario** – Flughafen – **Morro Jable** (75 Min.), Mo–Sa 4-mal, So 2-mal täglich
> **Linie 11: Tuineje** – **La Lajita** (30 Min.), Mo–Sa 1-mal täglich
> **Linie 12: Gran Tarajal** – **Las Playitas** (10 Min.), Mo–So stündliche Intervalle. **Hinweis:** Auch die Linien 16 und 18 verkehren auf dieser Strecke!
> **Linie 14: Puerto del Rosario** – **El Time** (15 Min.), Mo–Sa 2-mal täglich
> **Linie 15: Puerto del Rosario** – Triquivijate (20 Min.), Mo–Sa 1-mal täglich. Auch Linie 1 verkehrt manchmal auf dieser Strecke!
> **Linie 16: Gran Tarajal** – Tuineje – Antigua – Caleta de Fustes – **Puerto del Rosario**, Mo–Fr 4-mal, Sa–So 2-mal täglich
> **Linie 18: Pájara** – Gran Tarajal (30 Min.), Mo–Sa 4-mal täglich, So 2-mal
> **Linie 25: La Lajita** – Morro Jable (60 Min.), Mo–So 4-mal täglich. Auch die Linien 1 und 9 verkehren auf dieser Strecke!

Wer viel Bus fahren will, erkundigt sich nach den aktuellen Konditionen für den Kauf einer **Mehrfachfahrkarte** *(bono)*. Es empfiehlt sich, stets 5 bis 10 Minuten vor der vorgesehenen Abfahrtszeit an der Haltestelle zu sein.

Busnetz 0 ▬▬ 10 km © REISE KNOW-HOW 2015

6-7-8 Corralejo

7-8 El Cotillo

6

7

La Oliva

14 El Time

7-14

1-2-3-6-7-10-14-16 **Puerto del Rosario**

Aeroporte de Fuerteventura

1-2-15

2

3-10-16

Triquivijate

Caleta de Fustes

Antigua

3

Betancuria

15

Las Salinas

16

10-16

2

10

La Vega de Río Palmas

1-16

4-9-18

9-18

Tuineje

Pajara

11

9-11-18-16

12

4

Las Playitas

9-10-11

Gran Tarajal

12-16-18

11-25

La Pared

La Lajita

4

5 Costa Calma

1-4-5-9-10-25

1-4-5-9-10-25 Jandía
Morro Jable

Taxi

In größeren Orten gibt es Haltestellen für Taxis *(parada de taxi),* wo man auch anrufen kann. Die **Rufnummern** für die Taxistände der einzelnen Gemeinden sind bei den jeweiligen Ortsbeschreibungen angegeben. Einige Taxis rechnen nach der offiziellen Preisliste *(lista de precios)* ab, andere sind mit Taxameter ausgerüstet.

Zu den Nachbarinseln

Von Fuerteventura gibt es täglich mehr als zehn **Direktflüge nach Gran Canaria.** Der Flughafen liegt im Osten der Insel, sechs Kilometer südlich der Hauptstadt Puerto del Rosario.

> **Anbieter:** www.bintercanarias.es und www.islasairways.com

Schnellfähren fahren von Morro Jable tägl., **Schiffe** von Puerto del Rosario 4-mal wöchentlich nach **Gran Canaria.** Die Überfahrt dauert gut 2 Stunden ab Morro Jable, 8 Stunden ab Puerto del Rosario. Von Corralejo setzen Fähren fast stdl. nach **Lanzarote** über. Die Überfahrt nach Playa Blanca dauert 20–35 Min. **Abfahrtszeiten und Preise** erfährt man in den Reisebüros vor Ort oder online: www.fredolsen.es, www.naviera-armas.com

Wetter und Reisezeit

Fuerte hat **das ganze Jahr über ein angenehmes Klima**, auf den milden Winter folgt ein warmer Sommer. Dabei ist der Nordostpassat vorherrschend. Da er von keinem größeren Bergmassiv aufgehalten wird, sind die Wolken in nur geringem Maße zum Aufsteigen und zu Nebelbildung gezwungen. Darum hat Fuerte neben Lanzarote die **geringsten Niederschläge der Kanaren:** nur 150–200 Millimeter pro Quadratmeter und Jahr. Der einzige stärkere Regen fällt zur Winterzeit im Rahmen der seltenen Südwestwetterlagen. Für die Urlauber bedeutet das ein **nahezu ungestörtes Sonnenvergnügen.** Von ihrer schönsten Seite präsentiert sich die Insel im **Frühjahr:** mit grün schimmernden Hängen und Blumenwiesen!

Die **Tagestemperaturen** liegen bei 20–28 °C, auch nachts ist es mit 12–20 °C angenehm mild. Der über das Meer heranwehende Wind sorgt dafür, dass man es nie als zu heiß empfindet. Nur wenn die Brise mal auf Ost oder Südost schwenkt, kann kontinentale Hitze auf die Insel vorstoßen. Die Canarios sprechen dann vom „Calima": Der herangewehte **Wüstenstaub** kann so dicht werden, dass der Flugverkehr eingestellt werden muss.

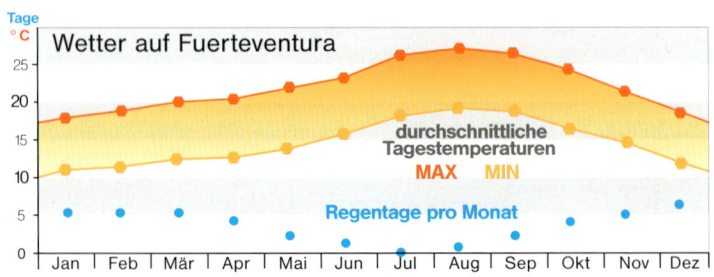

Wetter auf Fuerteventura

durchschnittliche Tagestemperaturen
MAX   MIN

Regentage pro Monat

Jan | Feb | Mär | Apr | Mai | Jun | Jul | Aug | Sep | Okt | Nov | Dez

ANHANG

005fu Abb.: gs

Kleine Sprachhilfe Spanisch

Betonung und Aussprache

Bei der **Betonung** gilt es, folgende **Grundregeln** zu beachten:

❭ Aufeinanderfolgende Vokale werden getrennt gesprochen, jedoch nicht abgehackt, sondern elegant verschliffen *(soy, baile)*.

❭ Mehrsilbige Wörter, die auf Vokal, n oder s enden, werden auf der vorletzten Silbe betont *(uno, peseta, buenas tardes)*. Ausnahmen werden mit einem Betonungs-Akzent gekennzeichnet *(adiós, pensión)*.

❭ Wörter, die auf einen Konsonanten (außer n und s) enden, müssen auf der letzten Silbe betont werden *(hotel, ayer)*.

❭ Wörter, die auf Vokal plus y enden, werden gleichfalls auf der letzten Silbe betont *(estoy)*.

Die **Aussprache** der folgenden Buchstaben(-kombinationen) weicht vom Deutschen ab:

c	vor dunklen Vokalen wie k *(casa)*, vor hellen Vokalen wie engl. stimmloses th *(gracias)*
ch	wie tsch *(ocho)*
h	wird nicht gesprochen *(hola)*
j	wie ch in „acht" *(Juan)*
ll	wie j *(valle)*
ñ	wie nj *(mañana)*
qu	wie k *(queso)*
s	wie ss *(casa)*
y	wie j *(apoyo)*, am Wortende wie i *(hoy)*
z	wie engl. stimmloses th *(diez)*

Das **umgedrehte Fragezeichen** (¿) vor dem Fragesatz ist eine typisch spanische Besonderheit. Analog wird vor dem Befehlssatz ein umgedrehtes Ausrufezeichen (¡) gesetzt.

Wichtige Redewendungen und Begriffe

Allgemeines

Guten Morgen!, Guten Tag (vormittags)!	*¡Buenos días!*
Guten Tag (nachmittags)!	*¡Buenas tardes!*
Guten Abend, Gute Nacht!	*¡Buenas noches!*
Auf Wiedersehen!	*¡Adiós!*
Tschüss!	*¡Hasta luego!*
Vielen Dank!	*¡Muchas gracias!*
Sprechen Sie Deutsch?	*¿Habla Usted alemán?*
ja, nein	*sí, no*
ein wenig	*un poco*
nichts	*nada*
Wie geht es Ihnen?	*¿Cómo está Usted?*
Entschuldigen Sie!	*¡Perdón!*
Einen Augenblick, bitte!	*¡Un momento, por favor!*
Wo liegt ...?	*¿Dónde está ...?*
Wie heißt ...?	*¿Cómo se llama ...?*
Wann ist ... geöffnet?	*¿A que hora está abierto ...?*

+++ NEU: Die wichtigsten Wörter mit dem Bonus-Audiotrack des Kauderwelsch-

Kleine Sprachhilfe Spanisch

Wie spät ist es?	¿Qué hora es?
Haben Sie ...?	¿Tiene ...?
Gibt es ...?	¿Hay ...?
Ich möchte gern ...	Quisiera ...
Ich brauche ...	Necesito ...
rechts/links	a la derecha/a la izquierda
geradeaus	todo derecho
oben/unten	arriba/abajo
heute	hoy
morgen	mañana
gestern	ayer
von ... bis	de ... hasta
Lassen Sie mich bitte in Ruhe!	¡Por favor, déjeme en paz!
Hör sofort auf!	¡Basta ya!
Hilfe!	¡Socorro!

Unterkunft

Hotel, Apartment, Pension	hotel, apartamento, pensión
Landhaus	casa rural
Haben Sie ein Einzel-/Doppelzimmer?	¿Tiene una habitación individual/doble?
mit eigenem Bad	con baño propio
Wie viel kostet es?	¿Cuánto cuesta?
mit Frühstück	con desayuno
mit Halb-/Vollpension	con media pensión/pensión completa
Kann ich das Zimmer sehen?	¿Puedo ver la habitación?

Restaurant

Die Speisekarte (Weinkarte), bitte!	¡La carta (carta de vinos), por favor!
Kellner, Kellnerin	camarero, camarera
Hören Sie! (Anrede der/s Kellners/in)	¡Oiga, por favor!
Ich möchte etwas essen (trinken).	Quisiera comer (beber) algo.
Guten Appetit!	¡Qué aproveche!
Prost!	¡Salud!
Die Rechnung bitte!	¡La cuenta, por favor!
Wo ist die Toilette?	¿Dónde están los servicios?

Einkaufen

Wo ist der Markt?	¿Dónde está el mercado?
Gibt es auch eine Fischhalle?	¿Hay también una pescadería?
Laden	tienda
Bäckerei	panadería
Apotheke	farmacia
Wie viel kostet das?	¿Cuánto cuesta?
Das ist teuer/billig.	¡Es caro/barato!
Das gefällt mir!	¡Esto me gusta!
Das ist alles!	¡Más nada!
Kann ich mit Kreditkarte bezahlen?	¿Puedo pagar con tarjeta de crédito?

AusspracheTrainers auf PC oder Smartphone lernen (siehe Umschlag hinten) +++

Kleine Sprachhilfe Spanisch

Autoverleih

das Auto	*el coche*
der Vertrag	*el contrato*
der Führerschein	*el permiso de conducir*
der Preis	*el precio*
die Kreditkarte	*la tarjeta de crédito*
Benzin bleifrei	*gasolina sin plomo*
die Tankstelle	*la gasolinera*
die Straße	*la carretera*
der Parkplatz	*el aparcamiento*
Wo kann man ein Auto mieten?	*¿Dónde se puede alquilar un coche?*

Wochentage

Montag	*lunes*
Dienstag	*martes*
Mittwoch	*miércoles*
Donnerstag	*jueves*
Freitag	*viernes*
Samstag	*sábado*
Sonntag	*domingo*

Monate

Januar	*enero*
Februar	*febrero*
März	*marzo*
April	*abril*
Mai	*mayo*
Juni	*junio*
Juli	*julio*
August	*agosto*
September	*septiembre*
Oktober	*octubre*
November	*noviembre*
Dezember	*diciembre*

Zahlen

1	*uno, una*
2	*dos*
3	*tres*
4	*cuatro*
5	*cinco*
6	*seis*
7	*siete*
8	*ocho*
9	*nueve*
10	*diez*

Gastronomisches Glossar

aceite	Öl
aceitunas	Oliven
agua mineral	Mineralwasser
– con gas	mit Kohlensäure
– sin gas	ohne Kohlensäure
aguacate	Avocado
ahumado	geräuchert
ajo	Knoblauch
al ajillo	mit Knoblauch zubereitet
al salmorejo	in pikanter Weinsoße
albóndigas	Fleischklöße
alcachofas	Artischocken
alfajores majoreros	Honigmandelgebäck
almejas	Herzmuscheln
anchoas	Sardellen
arepas	gefüllte Teigtaschen
arroz	Reis
asado	gebraten
atún	Thunfisch
azúcar	Zucker
bacalao	Kabeljau
batata	Süßkartoffel
bebida	Getränk
berro	Kresse
bien hecho	ganz durch
bienmesabe	Mandelmus
bocadillo	belegtes Brötchen
bonito	kleiner Thunfisch
boquerones	Sardellen
caballa	Makrele
café solo	Espresso

café cortado	Espresso mit etwas Milch	espinacas	Spinat
café con leche	Milchkaffee	estofado	Schmorbraten
calamares a la romana	panierte Tintenfischringe	flan	Karamelpudding
		fresa	Erdbeere
calamares en su tinta	Tintenfisch in eigener Soße	fresco	frisch
		frito	gebacken
caldo	Brühe	fruta del mar	Meeresfrüchte
caldo de pescado	Fisch- und Meeresfrüchtesuppe	fruta	Obst
		gallina	Huhn
caña	Bier vom Fass	gambas	Garnelen
carajillo	Espresso mit Brandy	garbanzos	Kichererbsen
carne	Fleisch	gazpacho	kalte Gemüsesuppe
carne de buey	Ochsenfleisch	gofio	Mehl aus geröstetem Getreide
carne de cabra	Ziegenfleisch	guisado	Schmorfleisch mit Soße und Kartoffeln
carne de cerdo	Schweinefleisch		
carne de cordero	Lammfleisch	guisantes	Erbsen
carne de ternera	Kalbfleisch	helado	Speiseeis
carne de vaca	Rindfleisch	hielo	Eis (zum Kühlen)
casero	hausgemacht	hierbas	Kräuter
cazuela	Fischgericht mit Kartoffeln	higado	Leber
		huevo	Ei
cerveza	Flaschenbier	huevo duro	hartes Ei
chicharrones	in Gofio gewälzte Speckgrieben	huevo pasado	weiches Ei
		huevo frito	Spiegelei
chorizo	Paprikawurst	huevos revueltos	Rührei
chuleta	Kotelett	jamón	gekochter Schinken
churros con chocolate	frittierte Hefekringel mit Schokolade	jamón serrano	luftgetrockneter Schinken
clacas	einheimische Muschelart	jugo	Saft
		langosta	Languste
cochinillo	Spanferkel	langostinos	Königskrabben
cocido	(1) gekocht, (2) Fleisch- und Gemüseeintopf	lapa	Napfschnecke
		leche	Milch
		leche condensada	Büchsenmilch
conejo	Kaninchen	lechuga	grüner Salat
consomé	Kraftbrühe	legumbres	Gemüse, Hülsenfrüchte
corvina	Schattenfisch		
crema	Creme, Suppe	lenguado	Seezunge
crudo	roh	lentejas	Linsen
dulces	Süßigkeiten	limón	Zitrone
embutido	Wurst	lomo	Rückenstück
empanada	gefüllte Teigtasche	mantequilla	Butter
ensalada	Salat	manzana	Apfel
entrecot	Rumpsteak	mariscos	Meeresfrüchte
escaldón	Brühe mit gofio	media ración	halbe Portion
escalope	Schnitzel	medio hecho	halb durch

Kleine Sprachhilfe Spanisch

mejillones	Miesmuscheln	queso de almendras	Mandelkuchen
menú del día	Tagesmenü	queso del	Käse aus
merluza	Seehecht	país majorero	Fuerteventura
mero	Zackenbarsch	ración	große Portion
mojo rojo	rote Soße mit	ron miel	Rum mit Honig
	Chilischoten und	ropa vieja	Fleischgericht mit
	Knoblauch		Kichererbsen
mojo verde	grüne Soße mit Kori-	sal	Salz
	ander und Knoblauch	salchichas	Würstchen
morcilla	Blutwurst	salsa	Soße
morcilla dulce	Blutwurst mit	sama	Rotbrasse
	Mandeln u. Rosinen	salmón	Lachs
mousse au chocolat	Schokoladenmus	sancocho	Fisch mit Süßkar-
paella	Reisgericht mit		toffeln und Gemüse
	Meeresfrüchten,	sangría	Rotweinbowle
	Fleisch und Gemüse		mit Zitrusfrüchten
pan	Brot	solomillo	Filetsteak
panecillo	Brötchen	sopa	Suppe
papas	Kartoffeln	tapa	kleines Tellergericht,
papas fritas	Pommes frites		Zwischenmahlzeit
papas arrugadas	Kartöffelchen	tarta	Torte
	mit Salzkruste	té	Tee
parrillada	Grillplatte	tollo	Trockenfisch
pata de cerdo	zartes	tortilla española	Omelett mit
	Schweinefleisch		Kartoffelstücken
pechuga	Brust	tortilla francesa	Omelett
percebes	Entenmuscheln	truchas con batatas	Gebäck mit
pescado	Fischgericht		Süßkartoffelmus
pez	Fisch	truchas con	Gebäck mit Faser-
pez espada	Schwertfisch	cabello de ángel	melonenkonfitüre
pimienta	Pfeffer	turrón	feste, süße Masse
pimiento	Paprikaschote		aus Mandeln u. Eiern
pimientos	frittierte kleine	vegetariano	vegetarisch
de Padrón	Paprika	verdura	Gemüse
pincho, pinchito	Spieß	vieja	karpfenähnlicher
plátano	Banane		Fisch
pollo	Hähnchen	vinagre	Essig
potaje	Gemüseeintopf	vino	Wein
puchero	Eintopf aus Fleisch	vino blanco	Weißwein
	und Gemüse	vino rosado	Roséwein
pulpo	Krake, Oktopus	vino tinto	Rotwein
queso ahumado	geräucherter Käse	vino dulce	süßer Wein
queso curado/duro	reifer Käse	vino semiseco	halbtrockener Wein
queso semicurado/	halbreifer Käse	vino seco	trockener Wein
semiduro		vino de la casa	Tafelwein
queso tierno	Frischkäse	zarzuela	Fischeintopf
queso a la brasa	gegrillter Ziegenkäse	zumo	Saft

Zu Hause und unterwegs – intuitiv und informativ

▶ **www.reise-know-how.de**

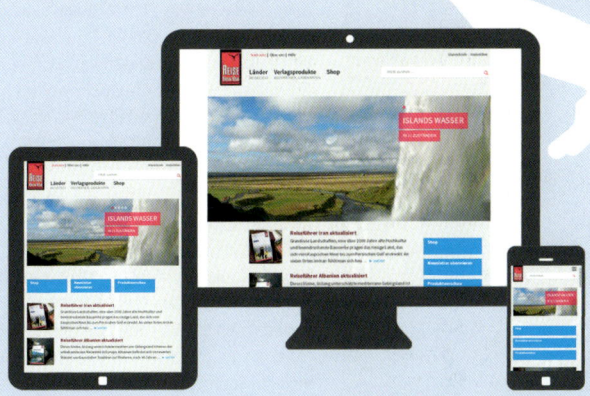

- **Immer und überall** bequem in unserem Shop einkaufen

- Mit **Smartphone, Tablet** und **Computer** die passenden Reisebücher und Landkarten finden

- **Downloads** von Büchern, Landkarten und Audioprodukten

- Alle **Verlagsprodukte** und **Erscheinungstermine** auf einen Klick

- **Online** vorab in den Büchern **blättern**

- Kostenlos **Informationen**, **Updates** und **Downloads** zu weltweiten Reisezielen abrufen

- **Newsletter** anschauen und abonnieren

- Ausführliche **Länderinformationen** zu fast allen Reisezielen

070fu Abb.: gs

Schreiben Sie uns

Dieses Buch ist gespickt mit Adressen, Preisen, Tipps und Daten. Unsere Autoren recherchieren unentwegt und erstellen alle zwei Jahre eine komplette Aktualisierung, aber auf die Mithilfe von Reisenden können sie nicht verzichten. Darum: Teilen Sie uns bitte mit, was sich geändert hat oder was Sie neu entdeckt haben. Gut verwertbare Informationen belohnt der Verlag mit einem Sprachführer Ihrer Wahl aus der Reihe „Kauderwelsch".

Kommentare übermitteln Sie am einfachsten, indem Sie die Web-App zum Buch aufrufen (siehe Umschlag hinten) und die Kommentarfunktion bei den einzelnen auf der Karte angezeigten Örtlichkeiten oder den Link zu generellen Kommentaren nutzen. Wenn sich Ihre Informationen auf eine konkrete Stelle im Buch beziehen, würde die Seitenangabe uns die Arbeit sehr erleichtern. Unsere Kontaktdaten entnehmen Sie bitte dem Impressum.

Impressum

Dieter Schulze

InselTrip Fuerteventura

© Reise Know-How Verlag
  Peter Rump GmbH 2012
2., neu bearbeitete und
  komplett aktualisierte Auflage 2015

Alle Rechte vorbehalten.

ISBN 978-3-8317-2628-8
Printed in Germany

Druck und Bindung:
  Media-Print, Paderborn

Herausgeber: Klaus Werner, Ulrich Kögerler
Layout: amundo media GmbH (Umschlag, Inhalt),
  Peter Rump (Umschlag)
Lektorat: amundo media GmbH
Karten: Ingenieurbüro B. Spachmüller,
  amundo media GmbH
Anzeigenvertrieb: KV Kommunalverlag GmbH &
  Co. KG, Alte Landstraße 23, 85521 Ottobrunn,
  Tel. 089 928096-0, info@kommunal-verlag.de
Kontakt: Osnabrücker Str. 79, 33649 Bielefeld,
  info@reise-know-how.de

Alle Angaben in diesem Buch sind gewissenhaft geprüft. Preise, Öffnungszeiten usw. können sich jedoch schnell ändern. Für eventuelle Fehler übernehmen Verlag wie Autor keine Haftung.

Bildnachweis

Umschlagvorderseite: Izabella Gawin/Dieter Schulze | Umschlagklappe rechts und Seite 4: Klaus Werner
Soweit ihre Namen nicht vollständig am Bild vermerkt sind, stehen die Kürzel an den Abbildungen für die folgenden Fotografen, Firmen und Einrichtungen. Izabella Gawin/Dieter Schulze: gs | Klaus Werner: kw | Patronato de Fuerteventura: pa | Tauchschule Fuerte Divers, Costa Calma: fd

Register

Fuerteventura mit PC, Smartphone & Co.

QR-Code auf dem Umschlag scannen oder **www.reise-know-how.de/inseltrip/fuerteventura15** eingeben und die **kostenlose Web-App** aufrufen (Internetverbindung zur Nutzung nötig)!

GRATIS-APP
✓ **orientieren**
✓ **informieren**
✓ **verständigen**

★ **Anzeige der Lage und Satellitenansicht** aller beschriebenen Sehenswürdigkeiten und weiterer Orte

★ **Routenführung** vom aktuellen Standort zum gewünschten Ziel

★ **Exakter Verlauf** der empfohlenen Wanderungen

★ **Audiotrainer** der wichtigsten Wörter und Redewendungen

★ **Updates** nach Redaktionsschluss

GPS-Daten zum Download

Auf der Produktseite dieses Titels unter www.reise-know-how.de stehen die GPS-Daten aller Ortsmarken als KML-Dateien zum Download zur Verfügung.

Inselplan für mobile Geräte

Um den Inselplan auf Smartphones und Tablets nutzen zu können, empfehlen wir die App „PDF Maps" der Firma Avenza™. Der Inselplan wird aus der App heraus geladen und kann dann mit vielen Zusatzfunktionen genutzt werden.

Apps zu Fuerteventura

Eine Auswahl an **empfehlenswerten Fuerteventura-Apps** finden Sie auf Seite 122.

Zeichenerklärung

🞛	Sehenswürdigkeit
[D6]	Verweis auf Planquadrat
❄	Aussicht, Mirador
⚒	Bergwerk
🏰	Burg, Schloss
⛩	Denkmal
⛳	Golfplatz
⌒	Höhle
⛪	Kirche, Kloster
⛫	Leuchtturm
Ⓜ	Museum
🐎	Reiten
★	Sehenswürdigkeit
📡	Sendeturm
🏖	Strand
🏄	Surf-Spot
⛽	Tankstelle
🦒	Tiergehege
🎐	Windmühle
↑	Windrad
━━	Wanderung (s. S. 91)

Symbole in den Stadtplänen

Ⓢ	Bank
Ⓑ	Bushaltestelle
≋	Dünenstrände
🛍	Einkaufsmöglichkeit
✈	Flughafen
⚓	Hafen
⛪	Kirche
⊕	Krankenhaus/Arzt
✉	Post
⛴	Schiffsanlegestelle
★	Sehenswürdigkeit
❶	Touristeninformation
🟥	Übernachtung
🟦	Essen und Trinken
🟩	Einkaufen
🟧	Nachtleben
🟦	Aktiv